主体的に取り組みたくなる！

ミニ「フラッグ運動」
絶対成功の指導BOOK

関西体育授業研究会 著

旗の小型・軽量化で
技のバリエーションがアップ！
動きのダイナミックさが実現！

収録した技の動画が
二次元コードから
閲覧可！

JN041887

明治図書

収録動画内容一覧

はじめに

　2017年に『団体演技でみんなが輝く！「フラッグ運動」絶対成功の指導 BOOK 』が発売されました。あれから5年。フラッグを使用した団体演技は全国に広がり，今や，演目の定番となりつつあります。

　この度，読者の皆様のおかげをもちまして，フラッグ本の第2弾として本書の出版に至ることとなりました。読者の皆様には，この場をお借りし，感謝を申し上げます。ありがとうございます。

　さて，第2弾として取り上げさせていただいた「ミニフラッグ」。
「大きさが違うだけで，取り上げている技は同じじゃないのですか？」
「小さくなることで，迫力がなくなってしまうのではないのですか？」
という声が聞こえてきそうです。結論を先に申し上げますと……そんなことはありません。

　フラッグの小型化により複数本を同時に操作することが可能となり，技のバリエーションは2倍にも3倍にも増えました。また，フラッグの軽量化により，動きはよりダイナミックなものとなり，旗と身体が一体となった迫力は観る者をうならせます。

　また，大旗を取り扱うことが難しかった低学年での実践が可能となりました。低学年の子どもたちが2本旗をパタパタと振り回す姿，満面の笑みでひょいと頭にのせる姿……想像するだけで心がほっこりしませんか。「かわいさ・ひょうきんさ」といったユーモア性は，大旗にはなかったミニフラッグ「ならでは」の新しい魅力と言えるでしょう。

　豊富な技のバリエーション，旗と身体が織りなす迫力，ユーモア性……ミニフラッグの魅力に限りはありません。挙げればきりがないミニフラッグの魅力を，本書を通して多くの先生方に感じ取っていただければ幸いです。

　最後に，本書は技の紹介だけでなく，団体演技指導で大切にしたい心構えや考え方，指導に至るまでの準備や旗の作成の過程までをも網羅したものになっています。団体演技づくりに不安を抱かれている先生もこれ1冊あれば，安心と自信をもって取り組むことができるものになっています。

　この本が1人でも多くの先生方の一助となりますことを，心より願っています。

関西体育授業研究会

contents

第1章 「ミニフラッグ運動」成功への9つのステップ 7

第2章 「ミニフラッグ運動」の技　全部紹介！ 21

❶ 技の基本 22

❷ 立ち技 28

第**1**章

「ミニフラッグ運動」成功への9つのステップ

ここで言う成功とは，運動会当日に素晴らしい演技を披露するのみにとどまりません。本番に至るまでの日々を，子どもたち自身が仲間と共に主体的に取り組み，やり終えた際の大きな満足感や学びを得ることができて成功と言えます。その当日に至るまでに準備しておくべきことを9つのステップで紹介します！

ステップ 1 ミニフラッグ運動の価値（子ども視点）

ミニフラッグの価値の共有から

ソーランやエイサー，ポンポンなどの用具を使った演目等，団体演技には様々なものがあります。「なぜミニフラッグなのですか？」の問いに，何と答えるでしょうか。答えを明確に示すことができるように，まずはミニフラッグの価値について学年の先生方と共有することから始めましょう。

主体的に取り組んでいる子どもは……

ちょっと昔話から。運動会前になると，「団体演技の練習は時間との戦いだ！」と息巻いていました。限られた時間の中で，「立派」なものを見せなければと。子どもが躍起になって取り組むのではなく，主語は「先生」でした。「こうして，ああして」と演目指導で使う言葉の種類は指示ばかりでした。しかし，運動会前日の給食。「明日の徒競走緊張する！」「リレーは○○さんと同じ組で走るんだよ！」。出てくる言葉に演目に関するものはなく……。子どもは正直です。主体性や意欲は言葉に表れます。

では，どんな演目ならば子どもは主体的に取り組むのでしょう。言葉に表してくれるのでしょうか。ポイントは「楽しい（Amused）」「自慢（Boast）」「自信（Confidence）」の「ABC」を子どもに抱かせることです。

楽しい（Amused）

楽しいこと。これは大前提です。運動会への取り組みがつまらないものであったならば，子どもたちにとってそんな不幸なことはありません。子どもたちが楽しいと感じたときは「聞いて！聞いて！」「見て！見て！」と進んで言葉にします。

演目で子どもが楽しさを感じるポイントは大きく３つ。教具と曲とフリです。

鳴子を渡すと，指示がなくともカチャカチャカチャと振り始めることでしょう。とび縄を渡すと跳び始めることでしょう。振ること・跳ぶことが楽しい行為であり，教具がその楽しい行為を引き出すアイテムになっているわけです。

目の前にこのようなミニフラッグが置かれた場合，子どもはじっとしているでしょうか。パサパサパサパサと手首を中心として小刻みに振り始める子ども，「バサッ」と音が出るように大きく振り回す子ども。様相は様々ですが，全員が楽しそうにそれぞれのミニフラッグを楽しみます。じっとしている子どもはいません。ミニフラッグは子どもたちに楽しいを生み出す要素が満載の教具です。

自慢（Boast）

　みなさんには自慢できることってありますか。英検１級を保持している，25m息継ぎなしで泳ぐことができる，ブラインドタッチができる。これら一見バラバラな自慢のように感じますが，「継続したこと」「多くの人ができないこと」という点は共通しています。自慢は「自慢話」という言葉があるぐらい，ついつい周りに話をしたくなるものです。

　ミニフラッグには「突き・オール・スイング」（p.68）や「龍虎乱舞」（p.71）等，１度や２度練習しただけでは成功できない技もあります。しかし，基本が「振る」「回す」「返す」という単純な動きで構成されていますので，いずれはできるようになります。つまりは何度も何度もチャレンジし，いずれは多くの人ができない技ができるようになるのです。

　できた技は子どもの自慢になります。子どもは自慢の技について学校や家庭でたくさんの自慢話を披露することでしょう。

自信（Confidence）

　冒頭に記した給食時における２人の子どもは徒競走やリレーに緊張という感情と共に自信をもっていました。「どうかみんな，私の走る姿を見てください！」と言わんばかりの大きな声でした。

　徒競走で１着を取った，リレーで着順を上げることができた，自慢できるものが１つ２つと増えていくことで子どもは自信をもち始めます。主体的になります。言葉に表れます。

　ミニフラッグも同様です。自慢できる技が１つできた，２つできたと個数が増えるごとに子どもに自信が芽生えてきます。走ることで結果を出してきた上記の子どもと同じように，「○○ができるようになった！」と話しながら，何とも言えない誇らしい表情で，何度も何度も同じ技を学校で家庭でと見せてくれるようになります。

　子どもたちが主体的に物事に取り組む際には，「楽しい（Amused）」「自慢（Boast）」「自信（Confidence）」の「ABC」の気持ちを抱かせることが大切であると述べてきました。ミニフラッグ運動にはこれら「ABC」の気持ちを子どもに抱かせることができる価値ある教材です。この価値についてしっかりとご共有いただき，「なぜミニフラッグなのですか？」の問いに，みんなが同じ方向の答えをもてるようにしておきたいものです。

> ミニフラッグは子どもに「ABC」（「楽しい（Amused）」「自慢（Boast）」「自信（Confidence）」）を抱かすことができる素敵な教具！

ステップ 2 ミニフラッグ運動の価値（教師視点）

教師視点の価値

先ほどは子ども視点からのミニフラッグの価値について触れました。教師視点からもミニフラッグの価値を考えていきましょう。みなさんは団体演技にどんな教具を使用するのかを，何において判断されるでしょうか。様々な要素が考えられますが，「見栄え」「特性」「手軽さ」の3つは，判断する上で必ず挙がる要素ではないでしょうか。これらの要素を全て含んでいる教具とは……，ここにミニフラッグの価値があります。

見栄え①〜色〜

「風になびく掲げた何本もの青いフラッグ」。いかがですか，こんな風景が目の前にあれば，写真におさめ，SNSにあげたくなりませんか。フラッグには3原色を基本とし，様々なカラーが用意されています。統一された，はたまたカラフルな色がまざったフラッグが一斉に上がる，下がる，なびく，これだけでも観る者は魅了されることでしょう（もちろんSNSにあげる際はプライバシーに気を付けることは言うまでもありません）。

見栄え②〜高さ・広さ〜

フラッグには棒が生み出す「高さ」と布面が生み出す「広さ」があります。フラッグは柄の部分を含めると約30cm〜50cmです。上空

に腕を伸ばせば「身長＋30cm以上」，両腕を広げれば「幅が2倍」となります。この「高さ」と「広さ」が「迫力」を生み出します。元々は手旗として遠くの人間にメッセージを送るために使用されていたミニフラッグ。「よく見える」という点では他の教具を圧倒していると言ってよいでしょう。

見栄え③〜音〜

惹きつけるという点では「音」も大切な要素となってきます。広がる布と風が織りなす「バサッ」という音は「迫力」はもちろん，動きと音のハーモニーは観る者に「爽快感」や「心地よさ」を与えます。色という点では，ポンポンや手袋，腕輪などあげればキリがないほど教具が揃っているのですが，音となるとエイサーの太鼓やよさこいソーランの鳴子ぐらいなど限られます。色と音が備わっているミニフラッグはまさに見栄えという点で優れた教具であるということが言えます。

特性①〜軽さ〜

見栄えを生み出す大切な要素として「高

さ」と「広さ」をあげましたが，腕を伸ばす・上げるという運動は簡単な運動のように思いますが，実際に取り組んでみるとこれがなかなかしんどい。このしんどい運動を繰り返し続けるわけですから，教材の重さが重要な鍵となってきます。ミニフラッグは，低学年の子どもでもブンブンと振り回すことが可能な教具です。使い勝手の良さは幅広い年齢層に活用することができます。

特性②〜バリエーション〜

腕を広げ，2本のフラッグを左右に振る「マリオネット」，軽快に動く「エアロビ」などの「楽しそう！」と思わず声が出てしまいそうな技から，体の後ろで回転させる「背面回し」，息を合わせることが必要な「二人観音」などの「かっこいい！」と惚れ惚れとしてしまう技まで，軽量がゆえに操作性が長けているからこそ技のバリエーションが豊富です。

特性③〜創造性〜

操作性に長けていることと発想の柔軟さが相まみえ，教師側が考えてもなかったような技を子どもが考えてくるといったこともしばしばあります。自分の考えた技が全体に取り上げられ，運動会という大きな舞台でたくさんの人に見てもらえる……大人からすれば「そんなことぐらいで」の話でしょうが，子どもにとっては「夢」のような話です。

両手を広げ，ぐるぐる回って「ヘリコプター」，天空に高々と腕を伸ばして「時刻6時！」……子どもたちが考えた技だけで構成される場面を作るのも素敵な取り組みですね。

手軽さ①〜低価格〜

「見栄えがして，操作性に長けている。けれども，値段が高すぎる」。学校予算でどうにかなるならまだしも，保護者に負担を求めるとなると断念せざるを得ません。その点，ミニフラッグなら安心価格。大体，どの社の製品も100円〜500円に収まります。

	価格（税込み）	大きさ（横×縦）
A社	110円	250mm ×205mm
B社	121円	410mm ×300mm
C社	408円	590mm ×440mm

手軽さ②〜表現の幅〜

お手軽であるが故，複数本を用意し，表現の幅を広げてみるのはいかがでしょうか。1本時には簡単でかわいい技，2本時には巧みでかっこいい技で観客に笑みと感動を伝える。本数を変化させることで表現に差異がつけられることも教師にとって魅力的な価値ですね。

「見栄え」「特性」「手軽さ」……
ミニフラッグには教師側にもたくさんの価値！

ステップ3 指導に入るまでに築いておきたい3つの関係性

いざ指導となったところで，子どもたち同士がつながっていない，教師に対する信頼がない，教師間の関係がぎくしゃくしている……そのような状態では，子どもたちが楽しんで（Amused）取り組むこと，自慢（Boast）できる技を習得すること，当然，その先にある自信（Confidence）をもつことは困難でしょう。子どもたちに「ABC」を味わわせるために，指導に入る前に3つの関係をきちんと築いておきましょう。

子どもと子ども

学年，学級の子どもが「できない」「困った」という気持ちを抱いた際，誰に頼りますか。

「先生，どうしたらできるようになるの？」

「先生，見てもらってもいいですか？」

など教師頼みの集団になっていませんか。

100人前後の子どもに対し，数人の教師で指導にあたらなければなりません。全ての子どもに教師が対応することは不可能なことです。そう考えた場合，指導に入るまでに一番築いておきたい関係は教師と子どもの「縦糸の関係」ではなく，子どもと子どもの「横糸の関係」です。

横糸の関係を築くためには，日ごろから子どもたち同士の関わりを重んじた授業や仲間の大切さに気付かせる行事等に取り組む必要があります。可能であるならば学級の枠を越え，学年という大きな枠で取り組まれることをおすすめします。糸の本数が多ければ多いほど，学年という布はより強固なものとなっていきます。子どもが「できない」「困った」といった気持ちを抱いたときに，たった数人しかいない教師を頼る集団ではなく，何十人といる仲間を頼ろうとする学年集団にしておくことがミニフラッグ運動成功への鍵となります。

教師と子ども

教師が子どもと関係を築いていく上で，最も大切な要素となってくるのが「信頼」です。ご自身が子どもに信頼される存在になるためには，どのように努めていけばよいのでしょうか。

信頼は信頼することで見出されます。何度も何度も同じ指示を繰り返したり，「しなさい！」と強い命令口調で言葉を発したりはしていませんか。これらの言葉を発する根底には「どうせ〜しないだろう」という気持ちが存在しています。つまりは相手のことを信頼していないのです。これらの言葉を浴びせ続けられる子どもが教師に対して「信頼」することはできるでしょうか。

「信じてくれていない先生なんて嫌いだ」

「何でみんなの前でそんなにきつい言い方をするの」

子どもは教師に対する嫌悪感や不信感を募

らせる一方です。

　子どもと良い関係を構築したいのならば，まずは信頼することから。それは相手が子どもであっても同じことです。相手を信頼することで同じ指示を繰り返すといった行為や「しなさい！」といった命令口調は確実に減り，「○○さんならきっとできるよ」といった相手に希望や自信をもたらす言葉が増えることでしょう。

　子どもは「先生が信頼してくれているんだ。頑張ろう！」と信頼には全力で応えようとします。応えた姿を称賛することで良い循環が生まれ，「信頼」でつながるより良い関係が構築されていきます。

教師と教師

　「全体指揮を任された。１人で頑張らないと」

　こんな想いで指導にあたる先生もいらっしゃるのではないでしょうか。それでは気負いすぎて，焦りが出てしまったり，子どもに対して感情的になったりして，うまく指導する

ことができません。周りに目を向けると，ミニフラッグに対する価値を共有した仲間がいます。手先が器用な人，音楽をよく知っている人，リズムをとるのが上手な人，構成を考えることが得意な人。それぞれの先生方にそれぞれの持ち味があります。困ったときには何でも相談できる，互いに頼ることのできる関係を築いておき，チームとして取り組んでいきましょう。

　学年の先生だけでなく，管理職や支援学級担当など関わってくださる先生方との関係の構築も忘れずに。

　子どもと子ども，教師と子ども，教師と教師の関係がそれぞれに自慢できる関係ならば，必ずできるという自信をもつことができるでしょう。自慢と自信で詰まった空間や時間は楽しいものとなることでしょう。子どもと子ども，教師と子ども，教師と教師の３つの関係性を築いた中で，子どもたちの「ABC」をしっかりと育んでいきましょう。

子どもと子ども・教師と子ども・教師と教師
３つの関係の構築が子どもに「ABC」をもたらします！

ステップ 4 テーマ設定

演目の作成へと入っていきます。まずは，テーマ設定です。

テーマは教師の思いや子どもの実態等を鑑み，作成するとよいでしょう。

教師の思いから作成するテーマ例

> 幼稚園や保育園から心も体も大きくなった姿が伝わるような演目にしたい！

設定テーマ①

> みせるぞ！
> 　　せいちょうした わたしたち

子どもの実態から作成するテーマ例

> 周囲の方々の支えを感じられず，感謝の気持ちを抱くことができない。

設定テーマ②

> これまで支えてくださった，育ててくださった方々に自分たちの演技を通して感謝の気持ちを伝えよう！

練習が始まる前に，学年集会を行って，テーマを子どもたちと共有する場面はよく見られます。しかし，テーマに触れるのはこの1回で終わり！ということになっていないでしょうか。ついつい何のために取り組んでいたのか忘れがちです。練習の間もテーマに立ち返って指導することを心がけましょう。

例えば，キメのポーズ。背筋や肘が曲がり，いかにもやる気のない子どもの姿があったとします。「伸ばしなさい！」と強張った表情と大きな声で，表立った面を解消することはできるかもしれません。しかし，内面は変わっていないわけですから，この子どもは練習期間中に何度も指導を受けることになるでしょう。指導の繰り返しが，子どもの意欲の低下につながることは言うまでもありません。

「○○さんの成長が見てる人に伝わるかな？」「○○さんのその姿で『ありがとう』は伝わるかな？」とテーマに立ち返り，問いかけを大切にした指導をしていきましょう。テーマに即し，子どもの内面に訴えかける指導を心がけることで，子どもの姿にテーマが映し出される演技となります。

**テーマは教師の思いや子どもの実態から設定！
指導中は常にテーマに立ち返り，テーマが見えてくる団体演技に！**

ステップ 5 道具の選定

フラッグには，大旗（80cm ×90cm 程度），中旗（45cm×55cm程度），小旗（30cm×40cm程度）があります。発達段階や，ダンスの種類，曲のテンポなどに応じて，フラッグの種類や使用する本数を決定しましょう。

本書では，主に小旗を2本使った演技を紹介しています。大旗を使う場合は，『団体演技でみんなが輝く！「フラッグ運動」絶対成功の指導 BOOK 』をご覧ください（2017，明治図書，関西体育授業研究会著）。

・1本

中旗は迫力も十分！

1本での演技には，中旗がおすすめ。振り上げる，振り下ろす動作と音が"迫力"を生みます。1本なので扱いやすく，低学年〜中学年の子ども向き。

・2本

両手でも！

2本の演技には小旗がおすすめ。1本に比べると，技の種類が格段に増えます。小さくて軽いので，スピードある動きにうってつけです。低学年〜中学年の子ども向き。

・棒

気分は剣士！

フラッグは布面だけではありません。棒を活用することで剣術のような演舞を行うことも可能です。道具に派手さがなくなる分，動き等に演出が必要となってきます。高学年の子ども向き。

フラッグの選定は子どもの実態と，演技の内容に合ったものに！

ステップ 6 演目作成

「場面の数」「コンセプト」「曲」「隊形」の4つのポイントで演目を構成していきます。

場面の数

　1つの場面があまりに長いと演技をする子どもたちだけでなく，観ている側も飽きてしまいます。中学年ぐらいでは，移動も含めた1つの場面をおよそ3分程度と設定し，2～3場面で構成されるのがよいでしょう。

コンセプト

　それぞれの場面にコンセプトを設定しましょう。

（例）
▢1場面目
　大きな声で入場！ ジャンプやステップ等，身体全体を使って楽しさを表現！
▢2場面目
　少し難しい技も取り入れ，練習の成果を発揮して自慢の技をしっかりと披露！
▢3場面目
　自慢の集団で揃える演技を通して，迫力と自信を表現。
　以上のように子どもたちの「楽しさ」「自慢」「自信」の「ABC」が伝わるようなコンセプトを設定しましょう。

曲

　身体全体を使って楽しさを表現したい1場面目にはテンポが速く，みんながよく知っている流行の曲がよいでしょう。1人技中心で構成する2場面目は自慢の技を繰り返し披露できるようにサビの部分が繰り返されるリズムのとりやすい曲，集団の演技を通して自信と迫力を表現したい3場面目はドラマや映画のクライマックスで用いられるような壮大でテンポの遅い楽曲を採用する等，それぞれの場面に設定したテーマに似合う曲を採用するようにしましょう。

隊形

コンセプトに合わせ隊形も考えていきます。

個人技は一人ひとりがよく見えるように！

迫力を出すときには「塊」を意識して！

子どもたちの「楽しさ」「自慢」「自信」の「ABC」が伝わる「場面の数」「コンセプト」「曲」「隊形」を考えてみましょう！

安全への配慮

安全への配慮は，何にも優先して行わなければいけません。どれだけ素晴らしい演技で終わったとしても，その過程でケガがあったのでは，演技の良さが霞んでしまいます。以下の点において十分に気を付けて，ミニフラッグに取り組みましょう。

保管場所，使用時間を定める

ミニフラッグは手に取ると，思わず振り回してみたくなります。使用しない際には子どもたちの手が届かない場所で保管をする，使用する時間と場所をはっきりと示したり，限定したりする等のルールの制定が子どもたちのトラブルやケガの未然防止につながります。

移動時

気を付けて持っていても，誤ってフラッグの先が周りの人に当たってしまうことがあります。移動の際には，次の3点に気を付けましょう。

① 柄の先にキャップを付ける。
② 棒の中心を持って柄が下，旗部が上を向くようにして，持ち運ぶ。
③ 2本の場合は，1本にまとめる。

このようなゴムキャップで十分！

2本の場合は必ず輪ゴムを用意し，紛失防止！

練習方法

多くの子どもが一斉に体育館内でフラッグを振り回すと当然危険が伴います。

特に体育館の練習ではフラッグを持たずにできる練習（移動や隊形の確認，旗を持っている体での練習など）や見る側，練習する側の2グループに分かれて取り組むなど安全を第一に考えた方法や場を考えていきましょう。

給水・休憩

暑い時期の練習で考慮しなければならないのが熱中症です。以下の点を心がけましょう。

・帽子着用の徹底
・20分おきの給水と適度な休憩
・経口補水液や冷却タオル等の用意

体を暑さに慣れさせておくことも大切です。まだ涼しさを感じられる5月頃から外で過ごす機会を定期的に設けていきましょう。

 ケガ，事故，トラブルの未然防止！十分な配慮を！

ステップ 8 指導中の対応

指導が始まると「想定外」のことが起こります。そんなときこそ，指導者である教師の腕の見せ所です。いろいろな子どもへの対応を見ていきましょう。

振りがなかなか覚えられない子

見本として映っている映像を作成しておきましょう。前から，後ろからの2方向の2バージョンを作成しておくとさらによいでしょう。また時間があれば1つ1つの技をコマ割りした映像も作成しておくとより丁寧です。作成した動画はタブレット上で見えるようにしておけば家庭での自主練習が可能となります。また，給食準備中や休み時間に映像を流しておくときっと自然に練習し始めます！

流れをつかむことが苦手な子

1つ1つの技はできるのに，通しの練習となるとうまくできない子どもには，カウント表（p.88参照）を用いて，全体像をつかませることが有効な手立てです。カウント表にはカウントはもちろんイラストや歌詞等も記載しておくとよいでしょう。

集団との動きが揃えられない子

どうしても周りと動きを合わせるのが苦手な子はいます。「まっすぐに！」の指示では何をどのようにすればよいかわかりません。「○○さんの肩の動きを見て揃えてみよう！」と視点を具体的に示したり，到着地点からカウントを逆算して，スタート地点に戻ってみたりするなど，言葉かけを工夫してみましょう。

振りの細かな動きが揃えられない子

1　　　　2　　　　34

例えば「平泳ぎ（上）」（p.47参照）を指導する際，「1234」と数字をただ羅列した口伴奏ではなく，「構えて・クロス・お空にバーン！」など動きに合わせた言葉を口伴奏に加えると，動きが揃ってきます。

慣れてくれば子どもたちに口伴奏を考えさせてみるのもいいですね。

 想定していた子どもの姿と実際が異なるのは当たり前。子どもの課題をしっかりと見取り，臨機応変な対応を！

ステップ9 指導スケジュール

本番での成功に向けて，指導スケジュールが鍵を握ります。

1つの場面をしっかりと完成させてから次の場面の指導に入る。各場面の難しい部分だけを先に完成させてから，難易度の低い部分の指導へと移っていく等，方法は，それぞれあるかと思います。

先生方の取り組みやすい方法でよいのですが，基本的なスケジュールを下に示します。

🚩 子どもに飽きがこないように！

練習日として取れるのはせいぜい2，3週間。はじめの1週〜1週半で全てを通してしまいましょう！というのがここでの提案です。

「飽きやすさ」は子どもの特性です。子どもは「新しさ」に食いつきます。同じパートを何度も何度も繰り返す練習は，子どもにとって新しさがなく，「飽き」を生み出してしまう原因です。「完成だ！ さぁ次のパートだ！」と教師が意気込む頃には，子どもはもう飽き飽き，へとへとといった状態になってしまいます。

> ・「おおまかな」完成を意識し，新しい技，新しい場面の指導を次々と進めていく。
> ・整える・揃えるといった細かな部分は後からいけるところまで行う。

上記2点を意識した子どもに新しさと進捗感を味わわせる飽きのこないスケジュールで，子どもの練習への意欲の低下を防ぎましょう。

段階	A						B				C	D
日数	①	②	③	④	⑤	⑥	⑦	⑧	⑨	⑩	⑪	⑫
目的	大まかな流れ・技・隊形がわかる						技・動き・隊形を整える・揃える				リハーサル	
内容	・2日で1場面を完成させるイメージで取り組む。 ・各時間，冒頭の10分は準備運動も兼ねた今場面までの通し復習に取り組む。 　※細かな動き，細かな位置確認は段階Bで ・目的は2つ。「大まかに技ができること」と「大体の位置がわかること」。 ・「できた！」達成感と「進んだ！」進捗感を味わわせ，子どもの意欲を高める。						・1日3場面の通し練習を繰り返す。 ・「気になる箇所が出る度に止める→修正→次」のルーティンで指導 ・目的は動き・隊形・位置等の細かな部分まで揃えること。 ・音や動画，見合い活動などを通して，揃った実感をもたせ，子どもの意欲を高める。				・本番と同じ雰囲気で！ ・ノーミス演技で子どもたちに自信と誇りを！	

 子どもに新しさと進捗感を味わわせる
飽きのこないスケジュールを立てよう！

第2章

「ミニフラッグ運動」の技 全部紹介！

2本のフラッグから生み出される技は無限大です。ここでは，基本の構えから，1人技，2人技，複数技までそのいくつかを紹介します。指導前に動画も合わせて見ながら，子どもたちの指導に役立ててください。また，これらの技をもとに，新しい技を生み出すことも可能です！

1 技の基本

フラッグの基本的な動き方や操作の仕方です。技はこれらが組み合わされてできています。

以下の３つの要素（旗動作，上肢，下肢）を組み合わせて技を構成していきます。

旗動作

上げ・下げ・
振り・払い・
回転

上肢

【握り方】…順手・逆手
【持ち方】…両手・束ね・プロペラ
【位　置】…気を付け・上段・中段・下段

下肢

【足運び】…しゃがみ・ターン・サイドステップ
　　　　　ボックスステップ・ツーステップ
　　　　　行進・ステップ

☆上肢

【握り方】 ※握る位置は，子どもが操作しやすいところで構いません。

順手	逆手
親指側に旗がくるように握ります。この握り方が基本的な握り方になります。	小指側に旗がくるように握ります。逆手で持つことで，旗の面を見えにくくできます。

【持ち方】

両手	束ね	プロペラ
１本ずつ両手で持ちます。	２本の旗を束ねて，片手で持ちます。	２本の旗を片手で，順手・逆手で持ちます。

【位置】 ※技を繰り出す前・キメた後の体勢のことを指します。

気を付け	上段	中段（オープン）
旗は体の両サイド。気を付けの体勢です。	腕を伸ばし，頭の上まで上げます。	腕を肩の高さまで上げて，肘を90度曲げて構える。
中段（クローズ）	**下段**	**下段（右・左）**
両腕を胸の前で交差して，閉じます。	伸ばした両手をへその前で止め，旗先を下に向けます。	体の右側・左側で下段の構えをします。

☆下肢

	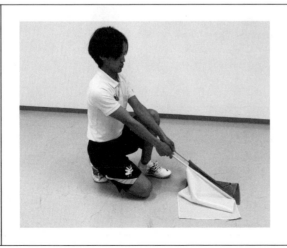 片膝をついて，低い体勢でしゃがみます。この体勢から旗を払いながらターンするなどして向きを変えることができます。また演技の中に高低差を出すことで，見栄えがよくなります。

ターン	右90度	180度	左90度
サイド ステップ			正面を向いた状態で，リズミカルに横に移動します。
ボックス ステップ			正面を向いた状態で，四角形を意識しながら足踏みをします。
ツー ステップ			正面を向いた状態で，歩く・揃える・歩く・揃えるを意識しながら，横や斜めに移動します。
行進 ステップ			膝を90度に曲げて前進したり，曲に合わせた足踏みをしたりします。

☆旗動作

	片手上げ	両手上げ
上げ	 片方の手で旗を順手で持ち，肘を伸ばし，上段の位置まで旗を上げます。	 両手で旗を順手で持ち，肘を伸ばし，上段の位置まで旗を上げます。
	片手下げ	両手下げ
下げ	 片方の手で旗を順手で持ち，肘を伸ばし，下段の位置まで旗を下げます。	 両手で旗を順手で持ち，肘を伸ばし，下段の位置まで旗を下げます。
	振り上げ（下段→上段）　※片手でもできます。	
振り	 旗を順手で持ち，つり上げるように音を出して上段の位置まで振り上げます。 体の正面・横・後ろなど，どこを通して上げるかで見え方を変えることができます。	

	振り下げ（上段→下段）※片手でもできます。		
振り			
	旗を順手で持ち，ボールを投げるような動作で音を出して，下段の位置まで振り下げます。体の正面・横から振り下げることができます。		
	内⇔外	前→後	左⇔右
払い	 	 	 
	順手で持ち，中段クローズ⇔オープンへ音を鳴らしながら払います。	順手で束ねて持ち，足を踏み出し後ろ→前へ野球のスイングのように音を出ながら払います。	順手で束ねて持ち，体の前を左⇔右に音を出ながら払います。

	手首	肘
回転	 手首だけを使って，時計・反時計回りに旗を回します。	 手首を固定し，肘を使って，時計・反時計回り・前・後ろに旗を回します。
	肩	肩（束ねて）
	 手首と肘を固定し，肩を使い，時計・反時計回り・前・後ろに旗を回します。	 両手で束ねて持ち，肘を伸ばして，体の前を時計・反時計回りに回します。

★2 立ち技

> フラッグの基本的な技であり，1人で行う技です。揃えたり，ずらしたりすることで演技の幅が広がります。

突き（束ね）

動画閲覧 **1**

様々な技の基本となる，シンプルな技です。

カウント ▶	1	2	3 4

旗を束ね，中段で構える。 持ち手はそのままで，後ろに振りかぶる。 左足を前に出すと同時に旗を突き出す。

突き（バラバラ）

2

両手に旗を持った状態で「突き」を行います。

カウント ▶	1	2	3 4

中段オープンで構える。 持ち手はそのままで，後ろに振りかぶる。 左足を前に出すと同時に，両手で突きを行う。

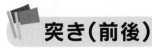
突き（前後）

前後に振るので，どの方向からでも旗の面が見えます。

カウント▶

1	2	34

中段オープンで構える。	右手は後ろに，左手は前に。	左足を前に出すと同時に，右手は前に，左手は後ろに突き出す。

インフィニティ
4

繰り返し使える技の１つです。

カウント▶

1	2	34

中段オープンから自身の前で旗をクロスさせて旋回させる。	そのまま肩より上に振り上げる。	持ち手の反対側に振り下ろし，元の位置まで振り上げる。５６７８も同様に。

> **指導のポイント** 旗を振る技は，素早く大きく振ることで音が出て迫力が出ます。また音を揃えて行うことで一体感が出る演技になります。

X斬り（束ね）

大きく音のなる，基本の技の1つです。

| カウント▶ | 待機 | 12 | 34 |

中段右で構える。

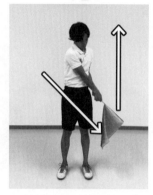

反対側に振り下ろし，そのまま垂直に振り上げる。

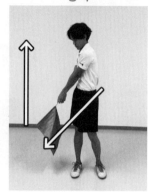

反対側に振り下ろし，元の位置まで振り上げる。5678も同様に。

X斬り（両手）

手でぶんぶん振る，気持ちのいい技です。

| カウント▶ | 待機 | 12 | 34 |

中段オープンで構える。

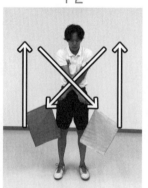

自身の前でクロスさせるようにして斜めに振り下ろす。その後垂直に振り上げる

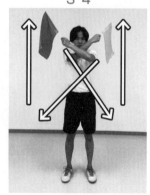

クロスから斜め下に振り下ろし，元の位置まで振り上げる。5678も同様に。

指導のポイント 振り下ろすタイミングを揃えることで，より大きな音を出すことができます。

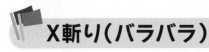

X斬り（バラバラ）

X斬り（両手）に変化のついたバージョンです。

1〜4拍で右手の動き，5〜8拍で左手の動きになります。

カウント

| 待機 | 12 | 34 |

右手

中段オープンで構える。 　右手を左下段へ振り下ろし，左上に振り上げる。 　右手を右下段に振り下ろし，元の位置に戻る。

カウント

| 56 | 78 |

左手

左手を右下段に振り下ろし，右上に振り上げる。 　左手を左下に振り下ろし，元の位置に戻る。

指導の
ポイント

旗を振るときに手首を使うと，速く動かすことができます。また，パリッと乾いた音を出すことができます。

X斬り(ずらし)

8

X斬り（バラバラ）を発展させた技です。

カウント▶

待機	1	2

1本ずつ旗を中段右に構える。	右手を左下段に振り下ろす。	後を追うように，左手を左下段に振り下ろす。

カウント▶

34	5	6

右手を左上段に振り上げ，同じように左手も行う。	右手を右下段に振り下ろし，同じように左手も行う。	右手を右上段に振り上げ，同じように左手も行う。78で元に戻す。

指導のポイント はじめ，左から始めたくなりますが，右手からずらし始めないと，5拍目で腕が絡まります。右手からというのをはじめにきちんと確認しましょう。

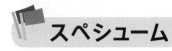

スペシューム　9

某特撮作品の必殺技をイメージした技です。

カウント▶

待機	１２	３４

右手を地面と水平に構え，左手は右手と交差して地面に垂直になるように構える。

交差したまま，左手が地面と水平になるまで右に傾ける。

交差したまま，右手が地面と水平になるまで左に傾ける。５６７８も同様に。

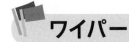

ワイパー　10

肘を始点とする動きで旗を振ります。可愛らしい技です。

カウント▶

１２	３４	５６７８

中段オープンで構えた後，左手を伸ばし，右手を曲げて写真のように振る。

肘を支点にして，両手が水平になるまで，左に振る。

同じように繰り返し，8で元の位置に戻る。

指導のポイント　腕を地面と平行にするよう指導することで，旗の面がしっかり見えて，より見栄えがします。

ジャイアント（両手）

旗の面がしっかりと見える，基本の技の1つです。

 カウント ▶

待機	1234	5678

旗を束ねて右上段に構える。

頭上で2回大きく回す。

正面上段に向かって振る。

 ## ジャイアント（片手）

ジャイアント（両手）を片手ずつで行うバージョンです。

カウント ▶

待機	1234	5678

中段オープンで構える。

頭上で大きく2回回す。

正面上段に向かって振る。

> **指導の ポイント** 奇数拍で旗の音が揃うように指導すると，技が揃いやすくなります。頭上で回すときは，2拍で1周するように指導します。

 **オール**

 **13**

少し，レベルの高い技です。カヌーのオールを回すようにリズムよく回しましょう。

| カウント▶ | 持ち方 | 1 | 2 |

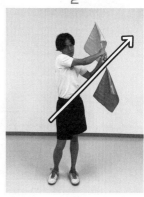

旗の柄を揃えて，写真のようになるように持つ。

右手が下になるように手首をひねりながら，左下段に振り下ろす。

右手が上になるように手首をひねりながら，左上段に振り上げる。

| カウント▶ | 3 | 4 | 5 6 7 8 |

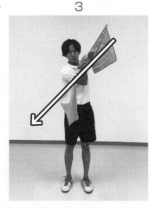

右手が下になるように手首をひねりながら，右下に振り下ろす。

右手が上になるように手首をひねりながら，右上に振り上げる。

１２３４を同じように繰り返す。

> **指導の ポイント**　下肢の動きと組み合わせて技を構成する際，はじめは，上肢の動きと下肢の動きを分けて指導すると，動きをとらえやすくなります。上肢の動きを確認してから，下肢の動きを加えてみましょう。

2
立ち技

自由の女神 **14**

サビの最後などに有効な決めポーズです。このまま行進してもかっこいいです。

　　待機　　　　　　　　１２３４　　　　　　　　５６７８

 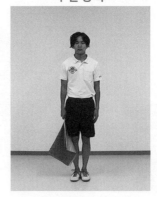 

右手に束ねて持ち，下段　　そのまま待機。　　　　　右手の旗を右上段に振り
で構える。　　　　　　　　　　　　　　　　　　　上げ，左手を腰にそえる。

 ## ちょうちょう **15**

小旗２本ならではの持ち方の良さを活かして，手首のひねりで魅せる技です。

　　待機　　　　　　　　　１２　　　　　　　　　３４

 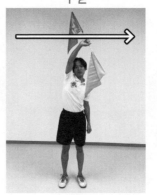 

プロペラ持ちで右上段に　　手首を返しながら左上段　　手首を返しながら右上に
構える。　　　　　　　　　に振り，手首を戻す。　　　振り，手首を返す。
　　　　　　　　　　　　　　　　　　　　　　　　　　５６７８も同様に。

> **指導のポイント** ２本の旗の柄を揃えて持つときは，柄の部分を重ねて持つと，振りやすいです。振ることが難しいと感じている子どもには，重なる部分を増やすように声掛けしましょう。

ふりふりパッチン 16

振っていて楽しい，見ていてかわいい技です。左右に繰り返して行うのもいいですね。

| カウント▶ | 待機 | 1 2 3 4 5 6 | 7 8 |

両手に旗を持ち，左を向いて構える。

旗を上下に振りながら，8カウントで右を向く。

8拍目で旗を打ち鳴らす。

おいらはドラマー 17

カチカチと音を鳴らすことのできる小旗ならではの技です。声と合わせていろいろなリズムが表現できます。たたく位置を工夫してもいいですね。

| カウント▶ | 待機 | 1 2 3 4 5 6 7 8 |

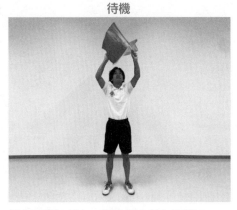 

旗を両手に持ち，頭上で交差して持つ。

拍に合わせて，両手の旗を打ち鳴らす。

> **指導のポイント** ふりふりパッチンは，手首支点，肘支点，肩支点など振り方を変えることでバリエーションを増やせます！

ドラム 18

ドラムをたたく動作をイメージした技です。

カウント ▶

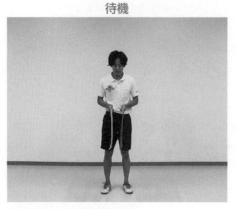

待機

両手持ちで下段に構える。

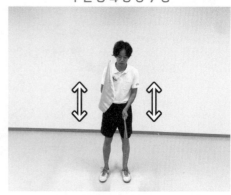

１２３４５６７８

手首から動かすようにして交互に動かす。

持ち替え 19

下段から振り上げた旗を頭上で持ち替える技です。

カウント ▶

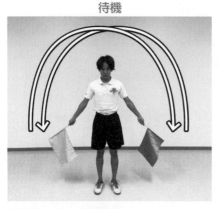

待機

下段オープンで構える。

１２３４

頭上に上げて，両手の旗を持ち替える。

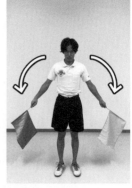

５６７８

持ち替えた旗を下段まで下ろす

指導のポイント　ドラムは，１拍に２回振るぐらいのペースが基本ですが，曲によっては，早くて振れない，または，振りが小さくなる場合は，１拍に１回に変えてみましょう。

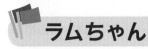

ラムちゃん

旗が見え隠れする，メリハリのある技です。

カウント▶

| 待機 | １２ | ３４ |

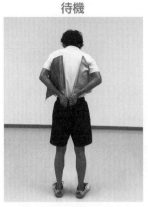  

両手に旗を逆手で持って，背中で隠すように構える。

手首を返し，旗を見せると同時に左足を前に出す。

手首を戻し旗を背中で隠しながら左足を戻す。

カウント▶

| ５６ | ７８ |

手首を返し，旗を見せると同時に右足を前に出す。

手首を戻し旗を背中で隠しながら右足を戻す。

**指導の
ポイント** 背中で隠すときに，両手首がくっつくように持つと，きれいに背中に隠すことができます。旗を出すときは体を少し傾けると，よりかわいく映ります。

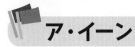 ## ア・イーン

某お笑い芸人の定番ギャグをモチーフにした，キメポーズです。

| カウント ▶ | 待機 | 1 2 3 4 | 5 6 7 8 |

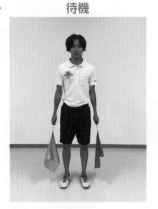

気を付けで待機。

そのまま待機。

両手を左上段方向に向けながら，右足を前に出してクロスさせる。

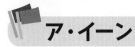 ## すっきり

某朝の情報番組のポーズをモチーフにしています。

| カウント ▶ | 待機 | 1 2 3 4 | 5 6 7 8 |

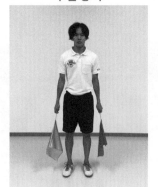

気を付けで構える。

そのまま待機。

右を向き両手をまっすぐ伸ばす。足は前後に広げる。

指導の ポイント　キメポーズを決めるタイミングは，カウントで揃える場合と，曲の印象的な音や歌詞で揃える場合があります。曲に合わせて，カウントにこだわりすぎないようにしましょう。

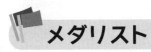 メダリスト 23

某オリンピック選手をモチーフにしたキメポーズです。

| カウント▶ | 待機 | 1234 | 5678 |

気を付けで構える。

両手を真上に上げる。

右手はまっすぐ，左手は肘を曲げて，右上に向けると同時に，右足を斜め前に出す。

T立ち 24

体を大きく使った，キメポーズです。

| カウント▶ | 待機 | 1234 | 5678 |

気を付けで構える。

4のカウントで腕を胸の前で交差して構える。

5拍目で思いきり両手を広げる。

> **指導のポイント** メダリストは全体で角度が揃うとよりきれいに見えます。繰り返して行うことで動きのある1つの技にもなります。

Tしゃがみ 25

「T立ち」を応用した技です。

カウント▶

待機

気を付けで構える。

1234

4のカウントで腕を胸の前で交差して構える。

5678

5拍目で思いきり両手を広げると同時に，右膝をついて片膝立ち。

飛行機 26

バランスをとるのが難しいですが，みんなで決めるとかっこいいキメポーズです。

カウント▶

1234

気を付けで構える。

5678

前に倒れこみながら両手を広げる。右足を上げてバランスをとる。

横から

横から見たときに頭から右足の先までが地面と水平になるように倒す。

> 指導のポイント　キメポーズでは，いかに動きをぴしっと止めることができるかが勝負です！

サイリウム

ライブの応援をするときのような動作です。体幹の筋力を使う，ハードな技です。

| カウント | 待機 | 1 | 2 |

両手持ち。
足は肩幅に開いて待機。

上体を右にねじる。
旗は真上方向。

上体を左にねじる。
旗は真上方向。

| カウント | 3 4 | 5 6 | 7 8 |

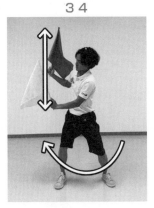

上体を右にねじる。
旗は真上方向。
4のタイミングで
下げ→上げ。

1234と
逆向きの同じ動き。

上体を左にねじる。
8のタイミングで
下げ→上げ。
旗は真上方向へ。

> **指導の
> ポイント**　始動する方向を，列でずらす・固まりでずらすことで，見栄えが変わります。ひねる動きが激しい動きですので，曲のテンポが速すぎると使うことが難しい技です。

面（束ね） 28

剣道の面のように，両手で思い切り振る技です。

　　待機　　　　　　　　1 2 3 4　　　　　　5 6 7 8

横から

旗を束ねて持ち，上段で　　待機。　　　　　　　　　下に振り下ろして，腕を
構える。　　　　　　　　　　　　　　　　　　　　まっすぐ前に伸ばして待
　　　　　　　　　　　　　　　　　　　　　　　　機。

面（片手） 29

上記の「面」の技を片手で行う技です。上記の面と大きく変化はありませんが，2本の旗の色
の違いがはっきりとわかります。

　　待機　　　　　　　　1 2 3 4　　　　　　5 6 7 8

横から

両手で旗を持ち，上段で　　待機。　　　　　　　　　下に振り下ろして，腕を
構える。　　　　　　　　　　　　　　　　　　　　まっすぐ前に伸ばして待
　　　　　　　　　　　　　　　　　　　　　　　　機。

🚩 時計（おっかけ） 30

時計を表現した技です。腕を伸ばして，回すことで旗の面がよく見えて，見栄えもいいです。

②
立ち技

| | 待機 | １２３４ | ５６７８ |

両手で旗を持ち，上段で構える。

右手から $\frac{3}{4}$ 回転させる。続いて左手も行う。

左手から $\frac{3}{4}$ 回転させ元の場所に戻す。右手も同様に行う。

🚩 時計（左右） 31

上段から旗を別々の方向に払う技です。

| カウント | 待機 | １２３４ | ５６７８ |

両手で旗を持ち，上段で構える。

右手から $\frac{3}{4}$ 回転させる。続いて左手は反対方向に行う。

左手から $\frac{3}{4}$ 回転させ元の場所に戻す。右手も同様に行う。

> **指導のポイント** とてもシンプルな技ですが，腕をしっかり伸ばす，目線は旗先を見る，音を意識して強く振るなど，細かい部分に気を付けることでより見栄えがよくなります！

クロール 32

水泳のクロールのように，腕を交互に回す技です。子どもたちも馴染み深い動きなので，習得しやすい技です。

カウント▶

待機	1 2 3 4	5 6 7 8

両手で旗を持ち，上段で構える。	12のカウントで右手から大きく前に振り下ろして1回転。34で左手。	再度56のカウントで右手を1回転。78で左手。

背泳ぎ 33

水泳の背泳ぎのように，腕を後ろに回す技です。

カウント▶

待機	1 2 3 4	5 6 7 8

両手で旗を持ち，上段で構える。	12のカウントで右手から大きく後ろに振り下ろして1回転。34で左手。	再度56のカウントで右手を1回転。78で左手。

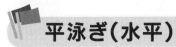
平泳ぎ（水平）　　　　　　　　　　34

水泳の平泳ぎのように，旗を前に払う技です。

カウント▶

待機 | １２ | ３４

気を付けで構える。

胸の高さまで旗を上げる。

内から外に振り払う。５６７８でもう一度内から外に振り払い，気を付けに戻る。

平泳ぎ（上）　　　　　　　　　　35

平泳ぎの振り払いを上に行う技です。下から上へ動かすので，旗の面を綺麗に見せることができます。

カウント▶

待機 | １２ | ３４

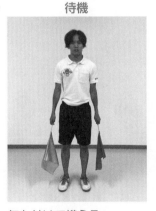  

気を付けで構える。

下から上に振り上げる。

腕を伸ばしながら１回転。５６７８でもう一度下から上に振り上げて１回転させ気を付け。

バタフライ　36

水泳のバタフライのように，両腕を同時に前へ大きく回す技です。クロールに動きは似ていますが，腕を同時に動かす分，より音が大きくなります。

カウント▶

待機	１２３４	５６７８

上段で構える。	腕を大きく回して１回転させる。	同様にもう一度，前方に１回転させる。７８で元に戻る。

マリオネット　37

肘を起点に旗を回す技です。旗の動きが小さいですが，ステップとの相性がよく可愛らしい技です。

カウント▶

待機	１２	３４

腕を肩の高さまで上げて，肘を地面と水平に構える。	１２で旗を下から右方向へ180度回転させる。	３４で逆（左方向）に振る。５６７８で$\frac{3}{4}$回転して，はじめの構えに戻る。

塔 38

体をのけぞらして，塔のように旗を上げて決める技です。

カウント▶

待機	1234	5678

足を肩幅に開き，旗を束ねて持ち，下段の位置で待機。

4カウントの中で，倒れながらゆっくり旗を上げていく。目線は旗先。

5のカウントで手をついて頂上へ。残りの拍は待機。

 ## 応援団 39

応援団のように，腕をしっかり振る技です。

カウント▶

待機	12	34

旗先を後ろに向け，肩に乗せたように待機。

肩の高さを意識して，前方に振る。その後，元の姿勢に戻す。

肩の高さを意識して，横に大きく振った後，元の姿勢に。5678も同様に。

指導のポイント 塔の倒れていく部分が難しい子もいます。そういった子には，最初から手をついて行うなどの工夫をしましょう。

コの字

長座の姿勢から旗を上げ，体と旗でコの字を形成する技です。

| カウント ▶ | 待機 | 1234 | 5678 |

長座の姿勢で待機。旗は，束ねて握ったまま足の間に。

上げる準備の4拍。4で顔を上げはじめる。

5のカウントで肩の高さまで上げ，背筋を伸ばし腕もしっかり伸ばす。

V字バランス

長座の状態から足を上げてV字をつくり，旗を広げてバランスをとる技です。少し難度が高い技です。

| カウント ▶ | 待機 | 1234 | 5678 |

長座の姿勢。手は体の横で待機。

4のカウントで足を上げ，体の前で腕をクロスする。

足を上げたまま，腕を横に振り払いキメ。

指導のポイント　コの字は，前屈の際になるべく小さくなる様に指導すると見栄えがよくなります！
V字バランスは，キメの際に足先をまっすぐ伸ばすと見栄えがきれいになります！

 **かえし**

リズムよく自身の体の前と後ろを旗で振り払う技です。振り払う手を入れかえながら，行います。振りの速さを変えることで，印象を変えることができます。

 カウント ▶ 　　待機　　　　　　　　　　１２　　　　　　　　　　３４

腕を広げて待機。旗は下段オープン。

1のカウントで体をはさみこむようにクローズ。2で下段オープン。

3のカウントで先ほどと逆の手でクローズ。5678も同様に。

 側面回し

自身の横側で手首を返して回す技です！　難易度が高めな技ですが，技ができたときの達成感は大きいです。

カウント ▶ 　　待機　　　　　　　　　１２３４　　　　　　　手首の動き

中段オープンに構える。

旗を脇の下まで下ろし，その場で手首を返して1回転させる。

元の位置に戻す。5678も同様に。

背面回し

振り上げた際に，手首を使って体の後ろで旗を回す技です！ シンプルな動きですが，とても
かっこいい技です。

カウント ▶

待機	１２	３４

両手持ち，下段クローズ
で構える。

腕を伸ばして，内側から
頭上に上げる。

手首を返して体の後ろで
旗を回転させる。

カウント ▶

５６７８	１２	３４

下段に振り下ろして待機。

腕を伸ばして，内側から
頭上に上げる。

手首を返して体の後ろで旗を
回転させる。

**指導の
ポイント** 側面，背面回しともに，手首の返しは使い方は難しいです。最初は，
手首の返し方だけを練習するのも効果的です！

振り上げ

しゃがんだ状態から素早く立ち上がる技です。簡単な技ですが，一斉に立ち上がったり，ずらして立ち上がったりすることができ，工夫がしやすい技です。

| カウント▶ | 1 2 3 4 | 5 6 | 7 8 |

片膝をついてしゃがみ構える。

素早く立ち上がり，腕をしっかり伸ばして振り上げる。

目線を旗先に向け待機。

1と$\frac{3}{4}$払い

自身の前方で大きく回す躍動感のある技です。カウントのキメにも最適です。

| カウント▶ | 待機 | 1 2 | 3 4 |

 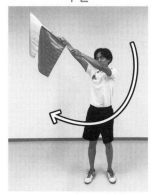 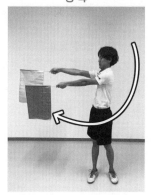

両手で持ち，上段で構える。

腕を伸ばして，大きく1回転する。

腕を伸ばして，$\frac{3}{4}$回転に待機。5 6 7 8もそのままの姿勢。

2
立ち技

ななめ十字

うつぶせの状態から自身の体で，十字を作る技です。全員の旗の角度が揃った光景は圧巻です。

カウント▶

１２　　　　　　　　　３４　　　　　　　　　５６７８

うつ伏せで待機。旗は，すぐに振れるように近くに置いておく。

３４で腕立て伏せの体勢。

５のカウントで，体を正面に向け，その勢いのまま旗を払う。

★ ちょいコツ

～足の形～

キメの際の足は，このように開いて行うこともできます！この方が，バランスがとれます！子どもたちの中には，バランスをとるのが難しい子もいます。子どもの実態に合わせて指導してください！

> 指導のポイント
>
> ななめ十字は，キメの際の両腕と旗をまっすぐ一本の棒のように伸ばすと見栄えがいいです！伏せるタイミング・腕立てのタイミング・キメのタイミングが揃うとすごくきれいです！

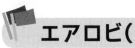
エアロビ（片手）   48

エクササイズの動きを取り入れた技です。ダンスを踊っているようなノリノリな動きで，アップテンポな曲想によく合います。

カウント▶	待機	１２３４	５６７８

腕を大きく開いて上段で待機。

右肘と左膝を，１と３の拍で合わせる。

左肘と右膝を，５と７の拍で合わせる。

エアロビ（両手）   49

エアロビを片手ではなく，両手で行う技です。

カウント▶	待機	１２３４	５６７８

  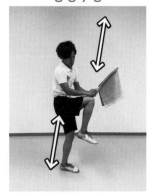

束ねて旗を持ち上段右で構える。

両肘と左膝を，１と３の拍で合わせる。

両肘と左膝を，５と７の拍で合わせる。

3 組み合わせ技

技と技を組み合わせたり，技とステップを組み合わせたりすることでかっこよくなります。

インフィニ・ターン・T　50

立ち技で紹介した3つの技を組み合わせた技です。回転まで揃うと美しいです。

 待機

クローズで構える。

1234

外回しで「インフィニティ」。（p.29参照）

56

旗クローズと同時に足を交差させ，ターンの準備。

78

反転する。

12

外回しで「インフィニティ」。

34

5

旗クローズと同時に足を交差させ，ターンの準備。

6

反転する。

78

キメ技の「T立ち」で終わる。

エクスカリバー I

動きが大きく，見ている人に迫力を与えられる技です。スイングの際の音で，迫力が増します。

カウント▶

1 2	3	4

頭上で旗を1回転させる。　上から下へ振り下ろす。　下から上へ振り上げる。

カウント▶

5	6 7	8

左に1回転させる。　左に $\frac{3}{4}$ 回転させる。　肩の高さでキメ。

指導のポイント

動きが難しい技には「口伴奏」が有効です！　エクスカリバーの場合，「くるっと回して，下，上，くるりんぱ！」など，動きをイメージできる口伴奏を考えてみてください。

組み合わせ技 ③

エクスカリバーⅡ

エクスカリバーⅠの動きを両手に旗を持ち，左右対称に動かして行う技です。
エクスカリバーⅠよりも大きく動き，音も大きくなるため迫力も増します。

カウント▶

12	3	4

頭上で両手の旗を1回転させる。

両手の旗を下へ振り下ろす。

両手の旗を上へ振り上げる。

カウント▶

5	6	78

自分の前で1と$\frac{3}{4}$回転させる。

両手を広げてキメる。

エンゼルステップ

旗を大きく回しながら横にも移動するため，見栄えする技になっています。
ちょっとした隊形移動にもおすすめです。

カウント▶ 　　1　　　　　　　　　2　　　　　　　　　3

上肢は内から外に旗を大きく回す。 　　下肢は右にステップを踏みながら4歩で移動する。

カウント▶ 　　4　　　　　　　　5　6　　　　　　　7　8

胸の前で旗を揃えて構える。 　　膝を曲げてしゃがみ，旗で顔を隠す。 　　膝を伸ばして旗から顔を出す。

> **指導のポイント**　エンゼルステップでは，動きに「メリハリ」をつけることがかっこよく見せるコツです。旗を出す瞬間の初速を上げることを意識すれば，メリハリがついてきれいに見せられます。下ろしていくときはゆっくりがおすすめです。

かえしとび

立ち技「かえし」（p.51）にステップをつけて行う技です。
リズムよく旗が見え隠れするので子どもたちも楽しく取り組めると思います。

カウント▶

| 待機 | １２ | ３４ |

はじめの構え。

右手を前で左に，左手を
後ろで右に振る。
右足を右に蹴りだす。

左手を前で左に，右手を
後ろで右に振る。
左足を左に蹴りだす。

カウント▶

| ５６ | ７８ | |

１２と同様。

３４と同様。

はじめの構えに戻る。

🏳️🏳️ スペシウムステップ　55

「スペシューム」（p.33）にツーステップを付け加えた技です。

カウント▶

待機	1234	5678

右手の旗が横，左手の旗が縦。

左右の手を交互に変えながら「スペシューム」を行い，1234で右にツーステップ，5678で左にツーステップ。

🏳️🏳️ ターンT　56

キメ技の「T立ち」（p.41）にターンを付け加えました。サビのキメなどに是非。

カウント▶

12	34	5678

両手持ち，中段クロス。12で足を交差にする。

34でターンして正面を向く。

5678で「T立ち」をキメ。

なべなべ底抜け

むかしあそびのなべなべ底抜け風の技です。ふんわりと動く旗の動きが美しいです。

カウント▶

待機	12	34

両手で旗を持ち，右下段で待機。

自分の前で下向きに旗を左に振る。

右下段へ戻す。

カウント▶

5	6	78

12と同様に旗を振りながら……。

旗を振り上げながら左に反転する。

振り上げた旗を右に4分の3回転させてキメ。

指導のポイント 6のカウントでターンすることをまず押さえましょう。
習熟度が高まれば，大・小グループで円になって行うこともできる便利な技です。

ファイヤーマン　58

２本の旗をつなげて持つ「ちょうちょう」（p.36）にツーステップを加えました。

カウント▶

待機	１２３４	５６７８

プロペラ持ち，上段。

「ちょうちょう」をしながら右にツーステップ。

「ちょうちょう」をしながら左にツーステップ。

3

組み合わせ技

ボックスドラム　59

ボックスステップを踏みながら，「おいらはドラマー」（p.37）を行う技です。

カウント▶

１	２	３４

上肢は拍に合わせて，頭の上で旗をたたく。下肢はボックスステップを踏む。
５６７８も同様に繰り返す。

マリオネットステップ

「マリオネット」（p.48）と「ツーステップ」（p.24）を組み合わせた技です。
全体を動かしたいときに行ったり，ずらして行ったりすることができます。

`カウント▶`

待機	１２	３４

中段オープンで構える。

上肢は肘を支点にして旗先を下に向けて左右に振る。下肢
は右へツーステップで行う。

`カウント▶`

５６	７	８

※左へ１２３４の繰り返し。
上肢は肘を支点にして旗先を下に向けて左右に振る。
下肢はツーステップで行う。

2本同時にキメ。

**指導の
ポイント** 旗動作と足の動きが合わさった動きです。実態に合わせて，旗の動き
が合っていればオッケーなど，柔軟な指導を心がけましょう。

時計ターン 61

立ち技「時計」（p.45）にターンを付け加えた技です。より見栄えするようになっています。

カウント

待機

上段で構える。

１２

１２で「時計」を行う。

３

３で振り下ろした左手の旗と右手の旗を12時までもっていくと同時に反転する。

カウント

４

５６

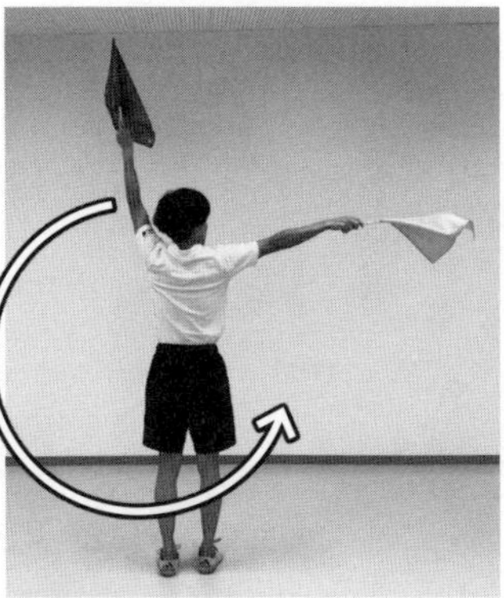

２３と同じ動き。

７８

正面に戻ってくる。

ふわふわ（束ね）

ふわふわと軽やかなサイドステップと回転の組み合わせ技です。どんな曲にも合う技です。簡単な移動にも使うことができます。

カウント▶	待機	１２３４	５６７８

  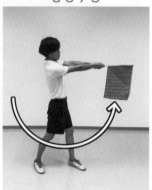

旗を束ねて両手で持ち，中段。右の位置で構える。

左にサイドステップしながら，旗を下方向から２回転させる。

$\frac{3}{4}$回転させ，腕を伸ばして中段で待機。

カウント▶	１２３４	５６７８

右方向にサイドステップしながら，旗を下方向から２回転させる。

$\frac{3}{4}$回転させ，腕を伸ばす。

🚩 ふわふわ（片手） 63

「ふわふわ」（p.66）の発展技です。旗を両手に１本ずつ持って行います。

`カウント▶`　　待機　　　　　　１２３４　　　　　　５６７８

両手で旗を持ち，中段・右で構える。

左にサイドステップしながら，旗を下方向から２回転させる。

$\frac{3}{4}$回転させ，腕を伸ばして中段で待機。次の８拍で反対へ。

3 組み合わせ技

🚩 ふわふわ（片手ずらし） 64

「ふわふわ」（p.66）の発展技です。旗動作をずらして行う技です。音がずれて聞こえます。

`カウント▶`　　待機　　　　　　１２３　　　　　　　４

両手で旗を持ち，中段右で構える。

左にサイドステップしながら，旗を下方向から１と$\frac{1}{4}$回転させる。

進行方向にある旗（右）を$\frac{1}{2}$回転し，反対の旗も続けて$\frac{1}{2}$回転させ待機。５６７８で反対方向へ。

 指導の ポイント

技を行う際は，どこで音をならすか考えさせます。音が大きく出て見栄えがいいです。キメの際は旗と腕を肩の高さでまっすぐ伸ばすこと，目線も同じ方向も見ることが大切です。

複数の立ち技を組み合わせた技です。払いの際に，音を揃えることで迫力が増します。

カウント▶	待機	１２	３４

中段右で構える。　　　　　左足を出しながら突き。　　　オールを漕ぐように回す。

カウント▶	５６	７８	１２

後ろ→前へ払い。　　　　　中段右で構える。　　　　　左足を出しながら突き。

カウント▶	３４	５６	７８

  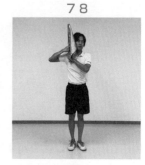

オールを漕ぐように回す。　後ろ→前払い。　　　　　　中段右で待機。

指導の ポイント　指導の手順として「上肢の動き→下肢の動き」と分けて指導すると GOOD！

背面フィニT

66

「背面回し」（p.52）と「インフィニティ」（p.29）を組み合わせた技です。

| カウント▶ | 待機 | １２ | ３ |

下段・クロスで構える。

「背面回し」。（p.52参照）

| カウント▶ | ４ | ５６７８ | １２ |

5で下ろして，待機。

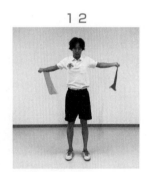

「インフィニティ」。（p.29参照）

| カウント▶ | ３４ | ５６ | ７８ |

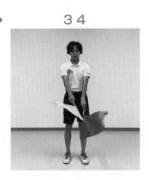

5で旗をクロスさせる。

7でキメ技「Ｔ立ち」。

「平泳ぎ（上）」（p.47）と「時計（おっかけ）」（p.45）にキメポーズを組み合わせた技です。
キメポーズのページに載っている他の技と組み合わせることも可能です。

| カウント▶ | 待機 | 12 | 34 |

下段で構える。　　　　　　　　１２３４で「平泳ぎ」。

| カウント▶ | 56 | 78 | 1 |

５のカウントから再度
「平泳ぎ」。
８で上段で構える。　　「時計」。

| カウント▶ | 2 | 34 | 5678 |

５で「ア・イーン」でキ
メる。

龍虎乱舞

「回転」と「払い」を組み合わせた技です。テンポよく，旗がくるくると回転する技であり，テンポよく進めたい場面におすすめの技です。

カウント

| 待機 | 12 | 3 | 4 |

左下段に構える。　体の前で1回転させる。　上肢は下段への払い。下肢は反転。

カウント

| 5 | 6 | 78 |

自分の体の前で1回転させる。※半時計回しで一周させる。　後ろ→前払い。　体の右側でキメ。

★ ちょいコツ

　この技は，上肢と下肢を連動して行うことができるまでに時間がかかる技です。
　指導の手順としては突き・オール・スイングのように「上肢の動き→下肢の動き」と分けて指導するとよいでしょう。
　まずは上半身だけ，次に下半身，最後は全身で！
　グループで教え合い活動をするのにもぴったりな技なので，ミニ先生をたくさん作って教え合うのもおすすめです。

4 多人数技

複数人で取り組む技です。
動きを合わせることが必要になります。

きのこ

しゃがんだ状態から繰り出す2人技です。バランスをとる・足をお互いにつかむ必要があります。2人の息を合わすことが成功へと導きます。

カウント▶

待機

1 2 3 4 5 6 7 8

★ ちょいコツ

肩と肩が触れ合うくらいの距離に近づいて，正面を向いてしゃがむ。

使用する旗は1本。2人の中心側の手で持つ。

足を支えるとき，前側の人は足首や，かかとのあたりを持つとGOOD！

Y字バランス

しゃがんだ状態からバランスをとった2人がぱっと現れます。
きのこと連続で繰り出すことが多い技です。

カウント▶

待機

1 2 3 4 5 6 7 8

★ ちょいコツ

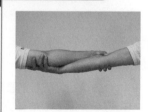

つま先を向かい合わせ，互いに中心側の肘付近を持った状態でしゃがんで待機。

旗を持っている方の手を開き，立ち上がる。つま先は向かい合わせのまま。

持ち方の例です。どこをどう持てば成功しやすいか考えさせてみましょう。

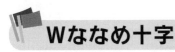
Wななめ十字

1人技のななめ十字をペアで行う技です。

カウント▶

１２	３４	５６７８

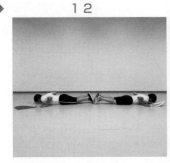

旗は振り上げるほうの手で束ねて置いておく。うつ伏せで待機。　腕立ての体勢。旗を握る。　2人同時にキメ。

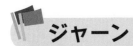
ジャーン

突きを向かい合って行う技です。

カウント▶

５６７	８	１２３４５６７８

束ね持ち上段右で構える。準備。　向かい合わせで立ち8で　2人同時に，左足を踏み出して，正面に突き。

4

多人数技

**指導の
ポイント**

2人以上の技では，子どもたち同士の対話を大切に指導していきたいですね。どこで話し合い活動を入れるか，計画しながら指導をしていきましょう。

れおとあすとら

前後に分かれて行う技です。見えないところから旗が出てくるのが面白い技です。

> カウント ▶

待機

１２３４５６７８

★ ちょいコツ

中段・クロスで待機。

両側に払う。前の子は一歩踏み出しながら払う。

払うときに，当たらないように間隔を空けるように注意。

スライド

74

前後に分かれて行う技です。踏み出す方向をずらすだけの簡単な技です。

簡単ですが，体を大きく使うことで，よりきれいに見せることができます。

> カウント ▶

１２３４

５６７８

１２３４

気を付けで重なった状態から，１人は左，もう1人は右に踏み出す。旗は横・上に出す。

重なって立った状態に戻る。気を付け。

１回目とは逆の方向へ。５６７８で気を付け。

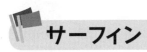

サーフィン　75

土台になる子の上でバランスをとってキメポーズをします。
腰と肩甲骨のあたりの痛くないところに乗るのがコツです。

 カウント▶　１２３４５６７８　　１２３４５６７８　　１２３４５６７８

土台になる子は，手を肩幅に
開き，四つん這いになる。ケ
ガ防止のため，足首を寝かす。

8カウント使ってケガをし
ないように，落ち着いて
乗る。

上の子は上段へ振り上げ
る。土台の子は顔を上げ
る。2人同時にキメ。

おれらはドラマー　76

「おいらはドラマー」（p.37）を2人で向かい合って行う技です。
たたき方などを考えさせて対話を生むことができます。

カウント▶　１２３４　　　　５　　　６　　　７　　　８

向かい合って，2人で
音を鳴らす。

正面側の足を軸にして体を正
面に向ける。

外側に払って，キメ。

多人数技　4

二人凸凹

77

中学年〜高学年向きの技です。多人数で行うことで，迫力が出ます。

| カウント▶ | 待機 | 1 | 2 |

右側
　中段・束ね持ち。
左側
　中段・束ね持ち。

右側
　しゃがみながら，旗を
　振り下ろす。
左側
　左足を踏み出しながら
　旗を振り下ろす。

右側
　しゃがんだまま，旗が
　通過するのを待つ。
左側
　反転しながら，旗を横
　に払う。

| カウント▶ | 3 4 | 5 | 6 |

右側
　旗を振り上げながら立
　ち上がる。
左側
　足を戻しながら，旗を
　振り上げ，立ち上がる。

右側
　左足を踏み出しながら
　旗を振り下ろす。
左側
　しゃがみながら，旗を
　振り下ろす。

右側
　反転しながら，旗を横
　に払う。
左側
　しゃがんだまま，旗が
　通過するのを待つ。

カウント▶ ７８ / １ / ２

右側
足を戻しながら，旗を振り上げ，立ち上がる。

左側
旗を振り上げながら立ち上がる。

右側
しゃがみながら，旗を振り下ろす。

左側
左足を踏み出しながら旗を振り下ろす。

右側
しゃがんだまま，旗が通過するのを待つ。

左側
反転しながら，旗を横に払う。

カウント▶ ３４ / ５６ / ７８

右側
足を戻しながら，旗を振り上げ，立ち上がる。

左側
旗を振り上げながら立ち上がる。

右側
反転しながら，旗を横に払う。

左側
しゃがんだまま，旗が通過するのを待つ。

右側
足を戻しながら，旗を振り上げ，立ち上がる。

左側
旗を振り上げながら立ち上がる。

> **指導のポイント** 足の運び方が難しい技なので，上肢・下肢に分けて練習するとスムーズにいきます！

二人観音 78

前後に並んで行う技です。手が４本出ているように見える技です。

| カウント▶ | 待機 | １２ | ３４ |

両手持ち・気を付けで待機。

前・後で旗を出す方向をずらして斜め上，斜め下に払い。

同時に閉じる。

| カウント▶ | ５６ | ７８ | ★ ちょいコツ |

前・後で旗を出す方向をずらして斜め上，斜め下に払い。

同時に閉じる。

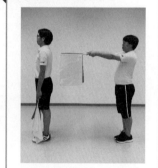

旗が当たらないように間隔を空けるように注意。

二人観音（風車のように） 79

前後でスタートをずらして旗を回します。旗がなびいてきれいに見えます。

カウント▶　　　　１２　　　　　　　　３４　　　　　　　５６７８

前の子は１で右手・２で　　後ろの子は３で右手・４　　前の子は右手から，３４
左手を動かし始める。後　　で左手を動かし始める。　　５６で，後ろの子は５６
ろの子は待機。　　　　　　　　　　　　　　　　　　７８で下ろしていく。

 ## 二人観音（左右に） 80

前後に並んで，左右にポーズを決める一例です。旗を出す角度を意識させましょう。

カウント▶　　　１２３４　　　　　　　５６７８　　　　　　１２３４

２人同時に右側に払う。　　同時に気を付け。　　　　２人同時に左側に払う。
　　　　　　　　　　　　　　　　　　　　　　　　　※５で気を付け。

**指導の
ポイント** どう旗を出したらきれいに見えるか，写真や動画で共有するとよりわ
かりやすいですね。

ランジ

３人で行います。土台２人の太ももの上にもう１人が立ちます。
バランスをとることが大切な技です。

カウント▶ １２３４５６７８　　　　１２３４５６７８　　　　　１２３４５６７８

土台の足はくっつける
くらいの距離。

絶対に乗れるように準
備の時間は余裕をもっ
て。

土台は旗を外側へ払ってキメ。
上の子は上段へ振り上げてキメ。

サンライズ

「サーフィン」（p.75）のような大技です。３人で行います。

カウント▶ １２３４５６７８　　　　１２３４５６７８　　　　　１２３４５６７８

両側の子どもがお尻を合
わせる姿勢で四つん這い
になる。

中央の子どもが片足ずつ
腰のあたりに乗る。

安定してから上段に旗を
振り上げてキメ。

メリーゴーランド

旗がなびいてきれいな技です。

規模によって，人数の調整がしやすいのも魅力です

4
多人数技

カウント▶ 　　　　1　　　2　　　3　　　4　　5　　　6　　7　　　8

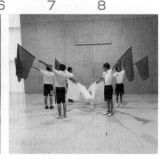

内側の旗は，中央で旗先を揃える。外側の旗は斜めに，角度を揃えて出す。

外側の旗を持つ腕が下がってこないように気を付けながら，同じ歩幅で歩く。

元の位置に戻ってきて止まる。

タンポポ

ゆったりとした曲に合う技です。

カウントに合わせて開閉を繰り返すと，よりきれいに見えます。

カウント▶ 　　　　1　　　2　　　3　　　4　　5　　　6　　7　　　8

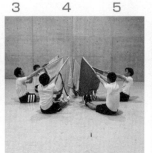

長座で，旗先を中央で揃える。

カウントに合わせて，ゆっくりと旗を上げていく。上げ切ったところで体を倒していく。

背中が地面についたところで，旗が広がるように少しだけ旗を外側へ傾ける。

 **6つの塔**

1人技の「塔」（p.49）を多人数で行う技です。迫力と一体感が増します。

| カウント▶ | １２ | ３４ | ５６７８ |

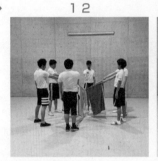  

旗は右手に束ねて持つ。中央で旗先を揃える。

カウントに合わせて右手を開き，左手を地面に出す。

旗先を空へ向け，おへそを上に突き出す。

 しゃがみ立ち

列で息を合わせることできれいに見えます。

| カウント▶ | 待機 | １２３４５６７８ | １２３４５６７８ |

先頭の人に隠れるようにして縦に１列で並ぶ。

8拍で先頭から順に膝を曲げてしゃがんでいく。

8拍でゆっくりと立ち上がり，旗を上段までもっていく。

風車 87

4拍を守って前の人との間隔に気を付けながら回すと美しい技です。

カウント▶ 1 2 3 4 5 6 7 8

先頭の人に隠れるようにして縦に1列で並ぶ。

先頭から順に4拍間で自身の前で旗を1回旋させる。

 はばたき 88

素早く旗の波をつないで，美しいウェーブを生みましょう。

カウント▶ 待機　　　　　　　　　1 2 3 4 5 6 7 8

片膝を立てて待機。

先頭から順に2拍で反転する。目線は旗先を見るようにする。

次の8カウントで反対方向へも同様に行う。

 指導のポイント　指導する際，「山側の膝をつけるよ！」「校舎側の子が起点です！」といった具体物を使った指示を出すと，子どもたちは理解がしやすいです。

旗波（水平）

簡単な動きですがピッタリ揃うととても美しい技です。

 カウント　　　　　待機　　　　　　　　　　１２３４５６７８

旗先を起点に集めて待機。

起点から隣の旗を押し出すようにして右へ旗を動かしていく。

次の８カウントで反対方向へも同様に行う。

 ## 旗波（上げ下げ）

 90

旗が上下に波うつゆったりした技です。

カウント　　　　　待機　　　　　　　　　　１２３４５６７８

旗の持ち手を隠すように隣の旗とつないで持つ。

起点から順に腕を上げて旗の面を見せたまま顔の高さまで上げていく。

次の８カウントで繰り返して行う。

★ ちょいコツ

隣の旗の柄の部分もしっかりと握ろう！
握っていることで，波の途中に隙間ができたり，旗が分裂したりすることを防ぐことができます。

旗波（しゃがみ）

下までしゃがむことで旗波を大きく見せます。

カウント▶ 　　　　待　機　　　　　　　　　　　1 2 3 4 5 6 7 8

旗の持ち手を隠すように隣　　起点から順に旗の面を見せ　　次の8カウントで繰り返し
の旗とつないで持つ。　　　　たまま、膝を曲げてしゃが　　て行う。
　　　　　　　　　　　　　　む。

 ## フルコース

個人技、多人数技を複数組み合わせて、華やかなキメ技にいかがでしょうか。

〈多人数技の例〉

 カウント▶

※完成図のイメージ

〈個人技の例〉

★ ちょいコツ

土台で組み合うときはケガをしないよう、組み方に注意して組みましょう。

4

多人数技

運動会ですぐに使える! 団体演技「ミニフラッグ運動」大公開!

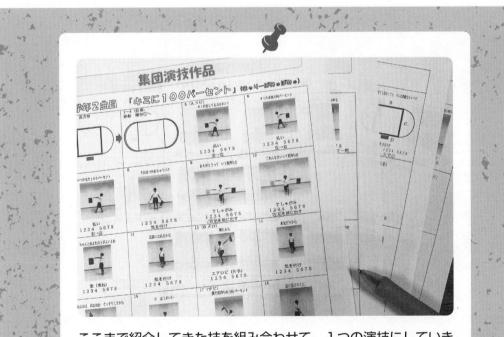

ここまで紹介してきた技を組み合わせて，1つの演技にしていきます。子どもたちの実態に応じて，技や曲の選択を行います。ここでは，低学年用，中学年用，高学年用で各2曲ずつ，計6つの例を紹介します。このような流れ図を事前に作成しておくと，学年団での打ち合わせや子どもたちへの説明にも役立ちます。

低学年1曲目 「あいうえおんがく」(GReeeeN)

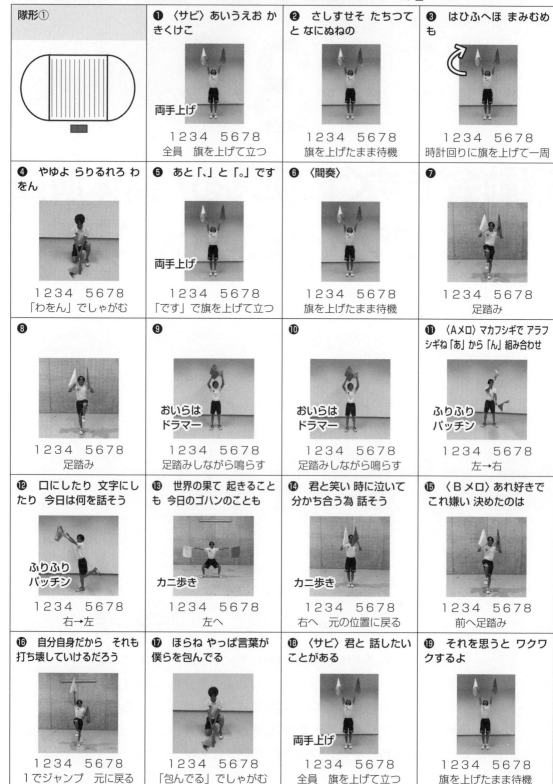

隊形①

❶ 〈サビ〉あいうえお かきくけこ
両手上げ
1234 5678
全員 旗を上げて立つ

❷ さしすせそ たちつてと なにぬねの
1234 5678
旗を上げたまま待機

❸ はひふへほ まみむめも
1234 5678
時計回りに旗を上げて一周

❹ やゆよ らりるれろ わをん
1234 5678
「わをん」でしゃがむ

❺ あと「、」と「。」です
両手上げ
1234 5678
「です」で旗を上げて立つ

❻ 〈間奏〉
1234 5678
旗を上げたまま待機

❼
1234 5678
足踏み

❽
1234 5678
足踏み

❾
おいらはドラマー
1234 5678
足踏みしながら鳴らす

❿
おいらはドラマー
1234 5678
足踏みしながら鳴らす

⓫ 〈Aメロ〉マカフシギで アラフシギね「あ」から「ん」組み合わせ
ふりふりパッチン
1234 5678
左→右

⓬ 口にしたり 文字にしたり 今日は何を話そう
ふりふりパッチン
1234 5678
右→左

⓭ 世界の果て 起きることも 今日のゴハンのことも
カニ歩き
1234 5678
左へ

⓮ 君と笑い 時に泣いて 分かち合う為 話そう
カニ歩き
1234 5678
右へ 元の位置に戻る

⓯ 〈Bメロ〉あれ好きで これ嫌い 決めたのは
1234 5678
前へ足踏み

⓰ 自分自身だから それも打ち壊していけるだろう
1234 5678
1でジャンプ 元に戻る

⓱ ほらね やっぱ言葉が 僕らを包んでる
1234 5678
「包んでる」でしゃがむ

⓲ 〈サビ〉君と 話したいことがある
両手上げ
1234 5678
全員 旗を上げて立つ

⓳ それを思うと ワクワクするよ
1234 5678
旗を上げたまま待機

⑳ 君と 近くに 居ても 居なくても 1234 5678 時計回りに旗を上げて一周	㉑ そんな 素敵な 日々です 両手上げ 1234 5678 「です」で両手を広げる	㉒ 〈Aメロ〉人はウホウホから 進化をとげ 今日に至るけど ふりふり パッチン 1234 5678 左→右	㉓ ボインとシイン組み合わせて 愛を語り明かした ふりふり パッチン 1234 5678 右→左
㉔ それは今も 何も変わらないような気がします カニ歩き 1234 5678 左へ	㉕ 大事なのは想う気持ち あとは少しのメロディー カニ歩き 1234 5678 右へ 元の位置に戻る	㉖ 〈Bメロ〉雨の日も 風の日も あるだろう 1234 5678 前へ足踏み 8でジャンプ	㉗ そりゃ全部全部全部 うまくは いかないけど 1234 5678 足踏み 元に戻る
㉘ だからこうして 語り明かして 分け合おう 1234 5678 「分け合おう」でしゃがむ	㉙ 〈サビ〉君と話したい ことだらけ 両手上げ 1234 5678 全員 旗を上げて立つ	㉚ 泣き虫 弱虫も いいだろう 1234 5678 旗を上げたまま待機	㉛ 君と 近くに 居ても 居なくても 1234 5678 時計回りに旗を上げて一周
㉜ この空の下に 居る 両手上げ 1234 5678 「居る」で両手を広げる	㉝ 君からもらった言葉の数 1234 5678 旗を上げて左右に振る	㉞ どれも大切な宝物 1234 5678 旗を上げて左右に振る	㉟ 誰かを想うっていい感じ メダリスト 1234 5678 右向き
㊱ 言葉にするっていい感じ メダリスト 1234 5678 左向き	㊲〜㊵ 〈間奏〉 隊形②へ移動 	隊形② 長方形 線上 	㊶ 〈Bメロ〉ぐるぐる 回る星に 生きている 1234 5678 移動 足踏み

㊷ なぜかこの瞬間（とき）に 今を生きるご近所さん 1234　5678 足踏み　待機	㊸ 争い忘れ 愛語れ つながるんだ 輪（ワ）  1234 5678 1234 5678 足踏み 「輪」でしゃがむ	㊹〜㊺ 君と話したいことがある それを思うと ワクワクするよ  気を付け 1234 5678 1234 5678 1でA　5でB	㊻〜㊼ 君と 近くに 居ても 居なくても そんな素敵な日々です 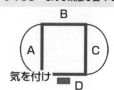 気を付け 1234 5678 1234 5678 1でC　5でD
㊽ 〈大サビ〉君と話したいことだらけ 両手上げ 1234　5678 全員　立ち上がる	㊾ 泣き虫 弱虫も いいだろう 1234　5678 旗を上げたまま待機	㊿ 君と近くに居ても居なくても 1234　5678 時計回りに旗を上げて一周	51 この空の下に居る  1234　5678 元に戻る
52 君からもらった言葉の数 1234　5678 旗を上げて左右に振る	53 どれも大切な宝物 1234　5678 旗を上げて左右に振る	54 誰かを想うっていい感じ  メダリスト 1234　5678 右向き	55 言葉にするっていい感じ  メダリスト 1234　5678 左向き
56  1234　5678 足踏み	57 この線超えて !!!!  1234　5678 頭上で旗を振る	58 1234　5678 曲の終わりに合わせてキメ	

ここがポイント！

　1曲目は，子どもたちがカウントをとりやすいテンポの良い曲を用いました。旗を使用することで，子どもたちの動きがより大きく見えるよう，立ったり座ったりする動きを中心に構成しています。自然と旗が揺れたり，なびいたりする動きで場面を構成しているので，練習の序盤はあまり旗の操作は取り上げず，動きを覚えられるよう指導します。そうすることで，用具操作が苦手な子どもも，安心して練習に取り組むことができ，低学年らしく元気でかわいい演技につながります。

低学年2曲目 「キミに100パーセント」(きゃりーぱみゅぱみゅ)

隊形① 長方形	❶～❹ 〈前奏〉 移動　隊形②へ	❺ 〈Aメロ〉キミが出してる力はホント	❻ キミの本気の何パーセント
		払い 1234　5678 左→右	払い 1234　5678 右→左
❼ いつか全力100パーセント	❽ それはつかれちゃうけど	❾ ありがとうって いう気持ちと	❿ ごめんなさいって気持ちは
払い 1234　5678 左→右	気を付け 1234　5678	Tしゃがみ 1234　5678 左足を前に出す	Tしゃがみ 1234　5678 左足を前に出す
⓫ ちゃんと伝えたほうがいいよね	⓬ 正直になれるかな	⓭ 〈Bメロ〉明日から	⓮ 本気だすから
面(束ね) 1234　5678	気を付け 1234　5678	エアロビ (片手) 1234　5678	気を付け 1234　5678
⓯ ねえねえ ねむねむ ぐっすりしてから	⓰ の ほうがいい	⓱ 〈サビ〉ボクの気持ちの100パーセント	⓲ 届け届けキミに
エアロビ (片手) 1234　5678 1回目と逆の手足	気を付け 1234　5678	自由の女神 1234　5678 1でキメ　構え	X斬り (束ね) 1234　5678 4カウントで1回切る
⓳ そんな気持ちの何パーセントも	⓴ 練習が足りないけど	㉑ ボクの気持ちの100パーセント	㉒ 届け届けキミに
自由の女神 1234　5678 1でキメ　構え	スペシューム 1234　5678	自由の女神 1234　5678 1でキメ　構え	X斬り (束ね) 1234　5678 4カウントで1回切る

低
学年

㉓　いつも変わらず元気でみんな  自由の女神 １２３４　５６７８ １でキメ　構え	㉔　笑顔になれるよ スペシューム １２３４　５６７８	㉕〜㉘　〈間奏〉 しゃがむ　待機	㉙　〈Ａメロ〉キミが出してる力はホント  払い １２３４　５６７８ 左→右
㉚　キミの本気の何パーセント 払い １２３４　５６７８ 右→左	㉛　いつも全力100パーセント 払い １２３４　５６７８ 左→右	㉜　それはつかれちゃうけど 気を付け １２３４　５６７８	㉝　今だぞっていう　この時 Ｔしゃがみ １２３４　５６７８ 左足を前に出す
㉞　照れちゃうけどね　言わなきゃ Ｔしゃがみ １２３４　５６７８ 左足を前に出す	㉟　ちゃんと伝わるって信じたら 面（束ね） １２３４　５６７８	㊱　きっと素直になれるよ 気を付け １２３４　５６７８	㊲　〈Ｂメロ〉明日から エアロビ（片手） １２３４　５６７８
㊳　本気だすから 気を付け １２３４　５６７８	㊴　ねえねえねむねむ エアロビ（片手） １２３４　５６７８ １回目と逆の手足	㊵　ぐっすりしてからのほうがいい 気を付け １２３４　５６７８	㊶　〈サビ〉ボクの気持ちの100パーセント 自由の女神 １２３４　５６７８ １でキメ　構え
㊷　届け届けキミに  Ｘ斬り（束ね） １２３４　５６７８ ４カウントで１回切る	㊸　そんな気持ちの何パーセントも   自由の女神 １２３４　５６７８ １でキメ　構え	㊹　練習が足りないけど  スペシューム １２３４　５６７８	㊺　ボクの気持ちの100パーセント  自由の女神 １２３４　５６７８ １でキメ　構え

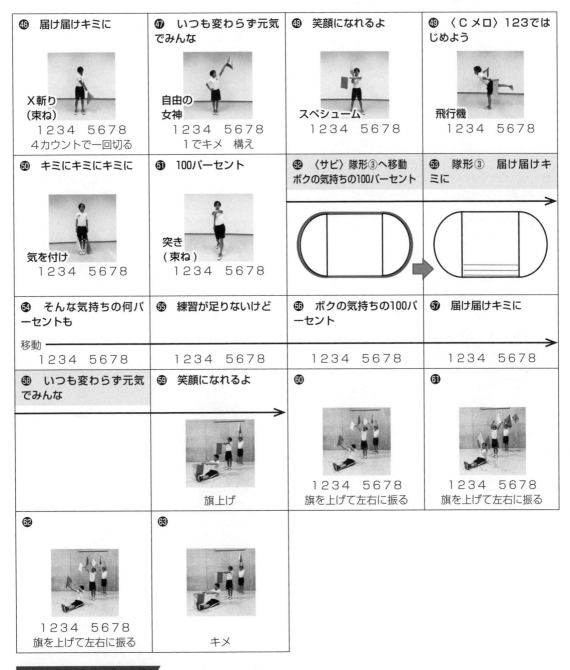

㊻ 届け届けキミに 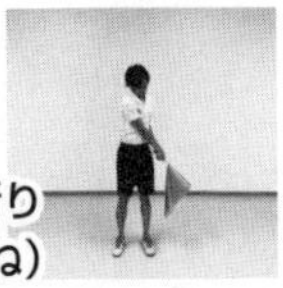 X斬り（束ね） 1234 5678 4カウントで一回切る	㊼ いつも変わらず元気でみんな  自由の女神 1234 5678 1でキメ 構え	㊽ 笑顔になれるよ  スペシューム 1234 5678	㊾ 〈Cメロ〉123ではじめよう  飛行機 1234 5678
㊿ キミにキミにキミに  気を付け 1234 5678	(51) 100パーセント  突き（束ね） 1234 5678	(52) 〈サビ〉隊形③へ移動 ボクの気持ちの100パーセント 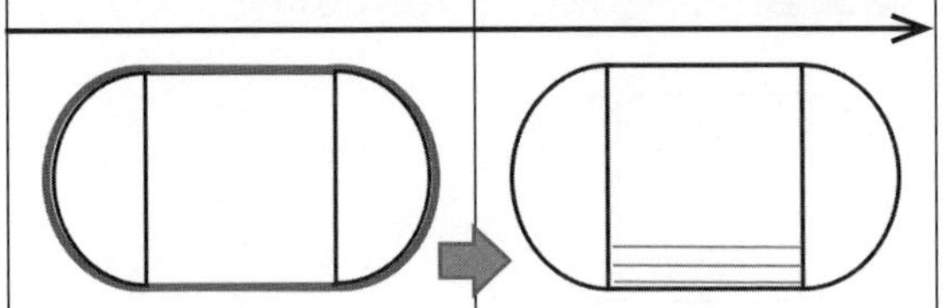	(53) 隊形③ 届け届けキミに
(54) そんな気持ちの何パーセントも 移動 → 1234 5678	(55) 練習が足りないけど 1234 5678	(56) ボクの気持ちの100パーセント 1234 5678	(57) 届け届けキミに 1234 5678
(58) いつも変わらず元気でみんな	(59) 笑顔になれるよ  旗上げ	(60)  1234 5678 旗を上げて左右に振る	(61)  1234 5678 旗を上げて左右に振る
(62)  1234 5678 旗を上げて左右に振る	(63)  キメ		

ここがポイント！

２曲目は，子どもたちが歌いやすいアニメの主題歌を用いました。歌いながら演技に取り組むことで，子どもたちが楽しみながら動きと技を覚えられる構成にしています。
１曲目と違い，旗を振って音を出す技を取り入れているので，払うときは「ブンッ」，振り下ろすときは「バサッ！」など，旗の音に合わせて口伴奏を入れて指導します。
低学年は，２本の旗を持ちながら演技するのが難しいと考えたので，束ねて持つ技を中心に場面を構成しましたが，実態に合わせてもっと旗を振る技を取り入れることで，より演技に迫力が出ます。

中学年1曲目 「WE DO」(いきものがかり)

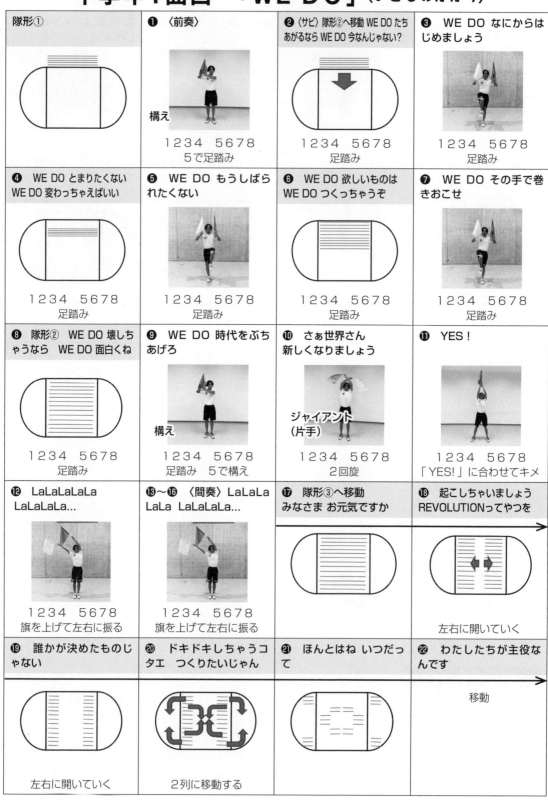

隊形①

❶ 〈前奏〉
構え
1234　5678
5で足踏み

❷ 〈サビ〉隊形②へ移動 WE DO たちあがるなら WE DO 今なんじゃない?
1234　5678
足踏み

❸ WE DO なにからはじめましょう
1234　5678
足踏み

❹ WE DO とまりたくない WE DO 変わっちゃえばいい
1234　5678
足踏み

❺ WE DO もうしばられたくない
1234　5678
足踏み

❻ WE DO 欲しいものは WE DO つくっちゃうぞ
1234　5678
足踏み

❼ WE DO その手で巻きおこせ
1234　5678
足踏み

❽ 隊形② WE DO 壊しちゃうなら WE DO 面白くね
1234　5678
足踏み

❾ WE DO 時代をぶちあげろ
構え
1234　5678
足踏み　5で構え

❿ さぁ世界さん 新しくなりましょう
ジャイアント
(片手)
1234　5678
2回旋

⓫ YES!
1234　5678
「YES!」に合わせてキメ

⓬ LaLaLaLaLa LaLaLaLa...
1234　5678
旗を上げて左右に振る

⓭～⓰ 〈間奏〉LaLaLaLaLa LaLaLaLa...
1234　5678
旗を上げて左右に振る

⓱ 隊形③へ移動 みなさま お元気ですか

⓲ 起こしちゃいましょう REVOLUTIONってやつを
左右に開いていく

⓳ 誰かが決めたものじゃない
左右に開いていく

⓴ ドキドキしちゃうコタエ つくりたいじゃん
2列に移動する

㉑ ほんとはね いつだって

㉒ わたしたちが主役なんです
移動

㉓ 隊形③ それならばおもいきり腕をまわし さけべ	㉔ 1234 ご一緒に	㉕ 隊形③ 未来へはみ出せ	㉖ WE DO 楽しむなら WE DO マジになってね
	 1234　5678 足踏み	 1234　5678 「はみ出せ」でしゃがむ	 はばたき 1234　5678 前（左から） 後ろ（右から）
㉗ WE DO 遠慮なんていらない	㉘ WE DO あふれだした WE DO 好奇心を	㉙ WE DO 時代にときはなて	㉚ さぁ世界さん 新しくなりましょう
 はばたき 1234　5678 前（左から） 後ろ（右から）	 構え 1234　5678 前（左から） 後ろ（右から）	 構え 1234　5678 立ち上がった順に待機	 ジャイアント（片手） 1234　5678 2回旋
㉛ 〈間奏〉LaLaLaLa LaLaLa... Yes! Yes!	㉜～㉞ Hello,New World! LaLaLaLa LaLaLaLa...	㉟ 隊形④へ移動 WE DO どこにいくか WE DO なにをするか	㊱ 隊形④　WE DO もっと自由になれ
 構え 1234　5678	移動 1234　5678 青黄の順に旗を上げて 左右に振る		
㊲ WE DO ときめくのは WE DO これからだぞ	㊳ 隊形④　WE DO すべては"はじめて"じゃん	㊴	㊵ 隊形⑤へ移動 WE DO たちあがるなら WE DO 今なんじゃない？
移動	移動	 1234 90度方向転換　向き合う	 すれ違い
㊶ WE DO なにからはじめましょう	㊷ WE DO 誰も知らない WE DO わたしたちの	㊸ WE DO 時代をつくりだせ	㊹ 隊形⑤ さぁ世界さん 新しくなりましょう
		移動	 すれ違ったら静止 「新しく…」で正面を向く

中学年

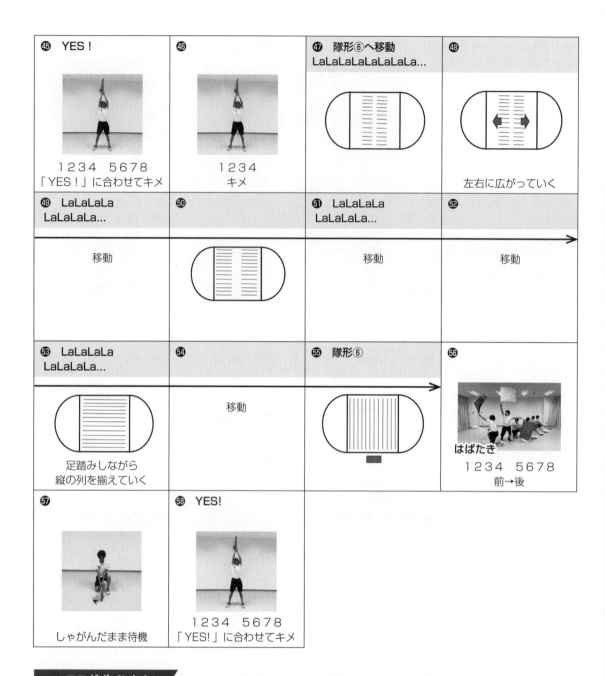

㊺ YES！ — 1234 5678 「YES！」に合わせてキメ

㊻ — 1234 キメ

㊼ 隊形⑥へ移動 LaLaLaLaLaLaLaLa…

㊽ — 左右に広がっていく

㊾ LaLaLaLa LaLaLaLa… — 移動

㊿ —

51 LaLaLaLa LaLaLaLa… — 移動

52 — 移動

53 LaLaLaLa LaLaLaLa… — 足踏みしながら 縦の列を揃えていく

54 — 移動

55 隊形⑥

56 はばたき 1234 5678 前→後

57 — しゃがんだまま待機

58 YES! — 1234 5678 「YES!」に合わせてキメ

ここがポイント！

　1曲目は，子どもたちが足踏みしやすいテンポの曲を用いました。旗の動きだけでなく，一体感が生まれるよう，行進での移動や集団での技を中心に構成しています。
子どもたちが技の全体像をイメージできるよう，集団で行う技は，始まりと終わりを子どもたちに示しながら指導します。また，タブレットやビデオで全体を撮影して見せることで，苦手な子どもも自分の動きや役割を確認しやすくなります。
子どもの実態や学年に合わせて，集団交差や場所の入れ替わりなど，より複雑な技を取り入れることで，より見栄えのする集団の演技になります。

中学年2曲目　「紅蓮華」(LiSA)

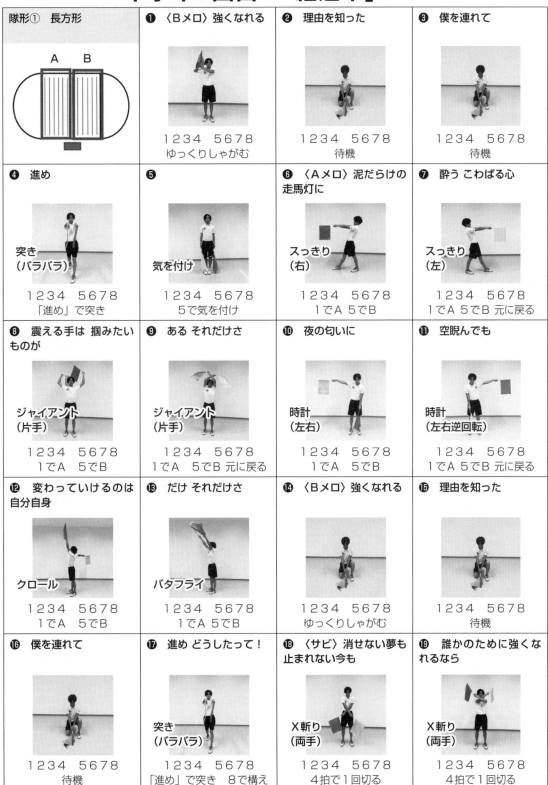

隊形① 長方形	❶ 〈Bメロ〉強くなれる	❷ 理由を知った	❸ 僕を連れて
A B	1234　5678 ゆっくりしゃがむ	1234　5678 待機	1234　5678 待機
❹ 進め	❺	❻ 〈Aメロ〉泥だらけの走馬灯に	❼ 酔う こわばる心
突き (バラバラ) 1234　5678 「進め」で突き	気を付け 1234　5678 5で気を付け	すっきり (右) 1234　5678 1でA 5でB	すっきり (左) 1234　5678 1でA 5でB 元に戻る
❽ 震える手は 掴みたいものが	❾ ある それだけさ	❿ 夜の匂いに	⓫ 空睨んでも
ジャイアント (片手) 1234　5678 1でA 5でB	ジャイアント (片手) 1234　5678 1でA 5でB 元に戻る	時計 (左右) 1234　5678 1でA 5でB	時計 (左右逆回転) 1234　5678 1でA 5でB 元に戻る
⓬ 変わっていけるのは自分自身	⓭ だけ それだけさ	⓮ 〈Bメロ〉強くなれる	⓯ 理由を知った
クロール 1234　5678 1でA 5でB	バタフライ 1234　5678 1でA 5でB	1234　5678 ゆっくりしゃがむ	1234　5678 待機
⓰ 僕を連れて	⓱ 進め どうしたって！	⓲ 〈サビ〉消せない夢も止まれない今も	⓳ 誰かのために強くなれるなら
1234　5678 待機	突き (バラバラ) 1234　5678 「進め」で突き　8で構え	X斬り (両手) 1234　5678 4拍で1回切る	X斬り (両手) 1234　5678 4拍で1回切る

⑳ ありがとう 悲しみよ	㉑ 世界に	㉒ 打ちのめされて 負ける意味を知った	㉓ 紅蓮の華よ咲き
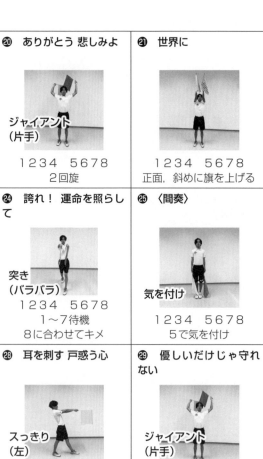 ジャイアント （片手） 1234　5678 2回旋	 1234　5678 正面，斜めに旗を上げる	 X斬り （両手） 1234　5678 4拍で1回切る	X斬り （両手） 1234　5678 4拍で1回切る
㉔ 誇れ！ 運命を照らして	㉕ 〈間奏〉	㉖	㉗ 〈Aメロ〉イナビカリの雑音が
突き （バラバラ） 1234　5678 1〜7待機 8に合わせてキメ	気を付け 1234　5678 5で気を付け	1234　5678 90度回転 左右外側を見る	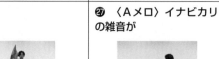 すっきり （右） 1234　5678 1でA　5でB
㉘ 耳を刺す 戸惑う心	㉙ 優しいだけじゃ守れない	㉚ ものがある？ わかってるけど	㉛ 水面下で絡まる善悪 透けて見える偽善の天罰
すっきり （左） 1234　5678 1でA　5でB　元に戻る	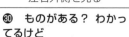 ジャイアント （片手） 1234　5678 1でA　5でB	ジャイアント （片手） 1234　5678 1でA　5でB　元に戻る	持ち替え 1234　5678 1でA　5でB
㉜ （ Tell me why I'don t need you ）	㉝ 逸材の花より 挑み続け咲いた	㉞ 一輪が美しい 乱暴に	㉟ 〈サビ〉敷き詰められた トゲだらけの道も
 面 （片手） 1234　5678 1でA　5でB　しゃがむ	振り上げ （片手） 1234　5678 1でA 5でB	気を付け 1234　5678 5で構え	X斬り （両手） 1234　5678 4拍で1回ずつ切る
㊱ 本気の僕だけに 現れるから	㊲ 乗り越えてみせるよ	㊳ 簡単に	㊴ 片付けられた 守れなかった夢も
X斬り （両手） 1234　5678 4拍で1回ずつ切る	ジャイアント （片手） 1234　5678 2回旋	 1234　5678 正面，斜めに旗を上げる	 X斬り （両手） 1234　5678 4拍で1回切る

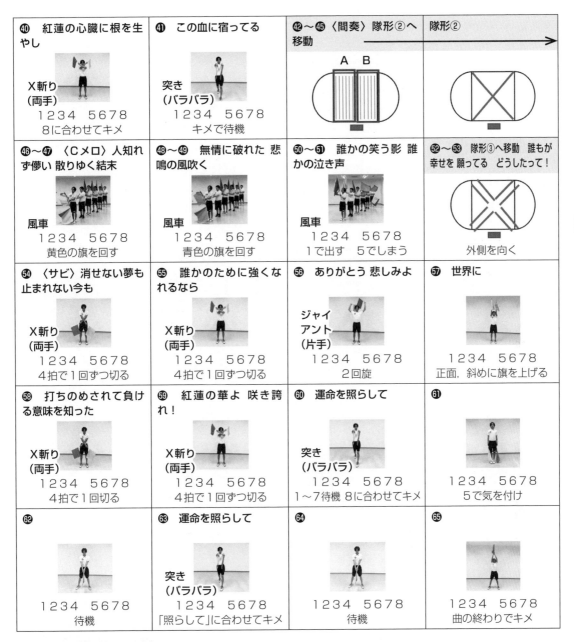

㊵ 紅蓮の心臓に根を生やし	㊶ この血に宿ってる	㊷〜㊺〈間奏〉隊形②へ移動　隊形② →	
X斬り（両手） 1234　5678 8に合わせてキメ	突き（バラバラ） 1234　5678 キメで待機	A　B（隊形②）	隊形②
㊻〜㊼〈Cメロ〉人知れず儚い 散りゆく結末	㊽〜㊾ 無情に破れた 悲鳴の風吹く	㊿〜51 誰かの笑う影 誰かの泣き声	52〜53 隊形③へ移動 誰もが幸せを願ってる どうしたって！
風車 1234　5678 黄色の旗を回す	風車 1234　5678 青色の旗を回す	風車 1234　5678 1で出す　5でしまう	外側を向く
54〈サビ〉消せない夢も 止まれない今も	55 誰かのために強くなれるなら	56 ありがとう 悲しみよ	57 世界に
X斬り（両手） 1234　5678 4拍で1回ずつ切る	X斬り（両手） 1234　5678 4拍で1回ずつ切る	ジャイアント（片手） 1234　5678 2回旋	1234　5678 正面，斜めに旗を上げる
58 打ちのめされて負ける意味を知った	59 紅蓮の華よ 咲き誇れ！	60 運命を照らして	61
X斬り（両手） 1234　5678 4拍で1回切る	X斬り（両手） 1234　5678 4拍で1回ずつ切る	突き（バラバラ） 1234　5678 1〜7待機 8に合わせてキメ	1234　5678 5で気を付け
62	63 運命を照らして	64	65
1234　5678 待機	突き（バラバラ） 1234　5678 「照らして」に合わせてキメ	1234　5678 待機	1234　5678 曲の終わりでキメ

中学年

ここがポイント！

2曲目は，大人気アニメの主題歌を用いました。刀を使用する主人公のように，子どもたちが力いっぱい旗を振りたくなるような技や動きで構成しています。

練習の序盤は，どのように旗を振れば大きな音が出るのか，子どもと一緒に考えながら進めていきます。練習終盤になると，自然と旗の音に合わせて動きが揃い，大きな音が出るようになるので，細かい動きや旗の角度などを指導していきます。

旗の音が揃ったときの爽快感や一体感を子どもたちが感じられるよう指導することで，より意欲的に演技に取り組むことができます。

高学年1曲目 「麒麟がくる」（NHK大河ドラマ サウンドトラック）

隊形① 8つの円	〈前奏〉	❶ 〈サビ〉	

メリーゴーランド | |
| | 5678
進行方向を向き，一斉に
7で旗を斜めに上げる | 1234
右回り
青旗（左手）を上げる | 5678 |

❷		❸	
1234
右回り
青旗（左手）を上げる	5678
右回り
青旗（左手）を上げる	1234
止まる	5678
中央を向く

❹		❺ 〈Aメロ〉隊形②へ移動	

6つの塔 |

6つの塔 | | 移動 |
| 1234
旗を上げ始める | 5678
キメ | 1234 | 5678 |

❻		❼	
移動	移動	移動	移動
1234	5678	1234	5678

<table>
<tr><td colspan="2">❽　隊形②</td><td colspan="2">❾　〈サビ〉</td></tr>
<tr><td colspan="2">

→

</td><td>

はばたき</td><td>

はばたき</td></tr>
<tr><td>１２３４</td><td>５６７８
しゃがむ</td><td>１２３４
円の一重目</td><td>５６７８
円の二重目</td></tr>
<tr><td colspan="2">❿</td><td colspan="2">⓫</td></tr>
<tr><td>

はばたき</td><td>

</td><td>

はばたき</td><td>同じ動き</td></tr>
<tr><td>１２３４
円の三重目</td><td>５６７８
待機</td><td>１２３４
全員
正面から開始</td><td>５６７８</td></tr>
<tr><td colspan="2">⓬</td><td colspan="2">⓭　〈Bメロ〉隊形③へ移動</td></tr>
<tr><td>

</td><td>

</td><td>

→

</td><td>移動</td></tr>
<tr><td>１２３４
しゃがむ</td><td>５６７８
ゆっくり立ち上がる
８でキメ</td><td>１２３４</td><td>５６７８</td></tr>
<tr><td colspan="2">⓮</td><td colspan="2">⓯</td></tr>
<tr><td colspan="2">

→</td><td colspan="2">

→</td></tr>
<tr><td>移動</td><td>移動</td><td>移動</td><td>移動</td></tr>
<tr><td>１２３４</td><td>５６７８</td><td>１２３４</td><td>５６７８</td></tr>
</table>

高
学年

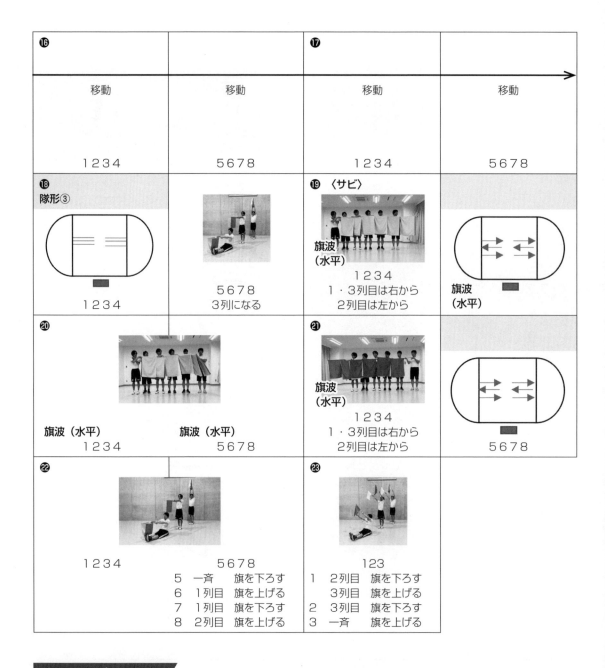

⓰ 移動　　1234　　移動　　5678　　⓱ 移動　　1234　　移動　　5678　→

⓲ 隊形③　1234　　5678　3列になる

⓳〈サビ〉　旗波（水平）　1234　1・3列目は右から　2列目は左から　旗波（水平）

⓴ 旗波（水平）1234　　旗波（水平）5678

㉑ 旗波（水平）1234　1・3列目は右から　2列目は左から　5678

㉒ 1234　　5678
5　一斉　　旗を下ろす
6　1列目　旗を上げる
7　1列目　旗を下ろす
8　2列目　旗を上げる

㉓ 123
1　2列目　旗を下ろす
　3列目　旗を上げる
2　3列目　旗を下ろす
3　一斉　　旗を上げる

ここがポイント！

　1曲目は，「静と動」の「静」を表現できるよう，スローテンポで重厚な曲を用いています。高学年ならではの，集団の動きで魅せる多人数技を中心の構成にしました。
　練習の序盤に，しっかりと1曲目でどのようなことを表現したいか，また，できるのか，目標を考えさせることが大切です。テンポがゆったりとした曲想ほど，旗や腕の角度などを揃えるのが難しいので，子どもたちの目標と照らし合わせながら，細部を指導します。
　「メリーゴーランド」や「旗波」など，グループに分かれて考える時間をとることで，子どもがより主体的に演技に取り組むことができます。

高学年2曲目　「青と夏」(Mrs.GREEN APPLE)

隊形①　長方形	❶～❽　〈前奏〉隊形①へ移動	❾　〈Aメロ〉涼しい風吹く	❿　青空の匂い
	待機	X斬り（束ね） 1234　5678 4拍で1回ずつ切る	X斬り（束ね） 1234　5678 4拍で1回ずつ切る
⓫　今日はダラッと	⓬　過ごしてみようか	⓭　風鈴がチリン	⓮　ひまわりの黄色
持ち替え 1234　5678	持ち替え 1234　5678	ふわふわ（束ね） 1234　5678	ふわふわ（束ね） 1234　5678
⓯　私には関係	⓰　ないと	⓱　思って居たんだ	⓲　〈サビ〉夏が始まった
ジャイアント（片手） 1234　5678 2回旋	1234　5678	1234　5678 準備	突き・オール・スイング 1234　5678
⓳　合図がした	⓴　"傷つき疲れる"	㉑　けどもいいんだ	㉒　次の恋の
突き・オール・スイング 1234　5678	インフィニ・ターン・T 1234　5678	インフィニ・ターン・T 1234　5678	突き・オール・スイング 1234　5678 Aのみ　Bは待機
㉓　行方はどこだ	㉔　映画じゃない	㉕　主役は誰だ	㉖　映画じゃない
突き・オール・スイング 1234　5678 Bのみ Aは後ろを向いて待機	龍虎乱舞 1234　5678	龍虎乱舞 1234　5678	ジャイアント（片手） 1234　5678 2回旋

高

学年

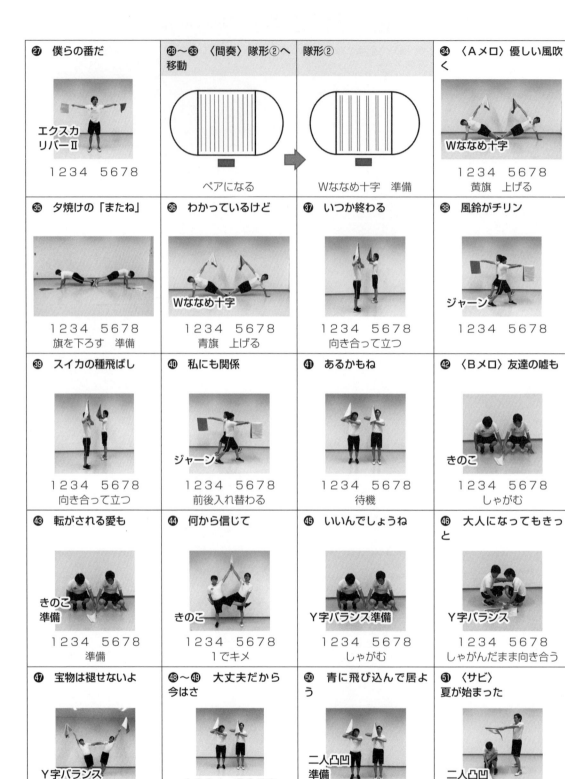

㉗ 僕らの番だ	㉘〜㉝ 〈間奏〉隊形②へ移動	隊形②	㉞ 〈Aメロ〉優しい風吹く
エクスカリバーⅡ 1 2 3 4　5 6 7 8	ペアになる	Wななめ十字　準備	Wななめ十字 1 2 3 4　5 6 7 8 黄旗　上げる
㉟ 夕焼けの「またね」	㊱ わかっているけど	㊲ いつか終わる	㊳ 風鈴がチリン
1 2 3 4　5 6 7 8 旗を下ろす　準備	Wななめ十字 1 2 3 4　5 6 7 8 青旗　上げる	1 2 3 4　5 6 7 8 向き合って立つ	ジャーン 1 2 3 4　5 6 7 8
㊴ スイカの種飛ばし	㊵ 私にも関係	㊶ あるかもね	㊷ 〈Bメロ〉友達の嘘も
1 2 3 4　5 6 7 8 向き合って立つ	ジャーン 1 2 3 4　5 6 7 8 前後入れ替わる	1 2 3 4　5 6 7 8 待機	きのこ 1 2 3 4　5 6 7 8 しゃがむ
㊸ 転がされる愛も	㊹ 何から信じて	㊺ いいんでしょうね	㊻ 大人になってもきっと
きのこ 準備 1 2 3 4　5 6 7 8 準備	きのこ 1 2 3 4　5 6 7 8 1でキメ	Y字バランス準備 1 2 3 4　5 6 7 8 しゃがむ	Y字バランス 1 2 3 4　5 6 7 8 しゃがんだまま向き合う
㊼ 宝物は褪せないよ	㊽〜㊾ 大丈夫だから今はさ	㊿ 青に飛び込んで居よう	51 〈サビ〉夏が始まった
Y字バランス 1 2 3 4　5 6 7 8 1でキメ	1 2 3 4　5 6 7 8 1 2 3 4　5 6 7 8 くずす	二人凸凹 準備 1 2 3 4　5 6 7 8 1 2 3 4　準備	二人凸凹 1 2 3 4　5 6 7 8

㊷ 恋に落ちた	㊝～㊞ もう待ち疲れたんだけど，どうですか??	㊟～㊠ 本気になればなるほど辛い	㊡～㊢ 平和じゃない私の恋だ
二人凸凹 1234　5678	サーフィン準備 1234　5678 1234　5678	サーフィン準備 1234　5678 1234　5678	サーフィンキメ 1234　5678 1234　5678 「恋だ」でキメ

㊣～㊤ 私の恋だ	㊥～㊦ 〈Cメロ〉隊形③へ移動	㊧～㊨ 〈Cメロ〉隊形③ 寂しいな　やっぱ寂しいな	㊩～㊪ いつか忘れられてしまうんだろうか
サーフィンくずす 1234　5678 1234　5678	1234　1234 　　5678	1234　5678 1234　5678	1234　5678 1234　5678

㊫～㊬ それでもね繋がり求めてる	㊭～㊮ 人の素晴らしさを信じてる	㊯ 運命が	㊰ 突き動かされてゆく
1234　5678 1234　5678	1234　5678 1234　5678 一斉にしゃがむ	1234　5678 Aが立つ	1234　5678 Bが立つ

㊱～㊴ 赤い糸が音を立てる	㊵ 主役は貴方だ	㊶ 〈サビ〉夏が始まった	㊷ 君はどうだ
1234　5678 1234　5678 C→D 順に立つ	1234　5678 準備	突き・オール・スイング 1234　5678	突き・オール・スイング 1234　5678

㊸ 素直になれる	㊹ 勇気はあるか	㊺ この恋の	㊻ 行方はどこだ
インフィニ・ターン・T 1234　5678	インフィニ・ターン・T 1234　5678	突き・オール・スイング 1234　5678 ABのみ　CD待機	突き・オール・スイング 1234　5678 AB待機　CDのみ

高学年

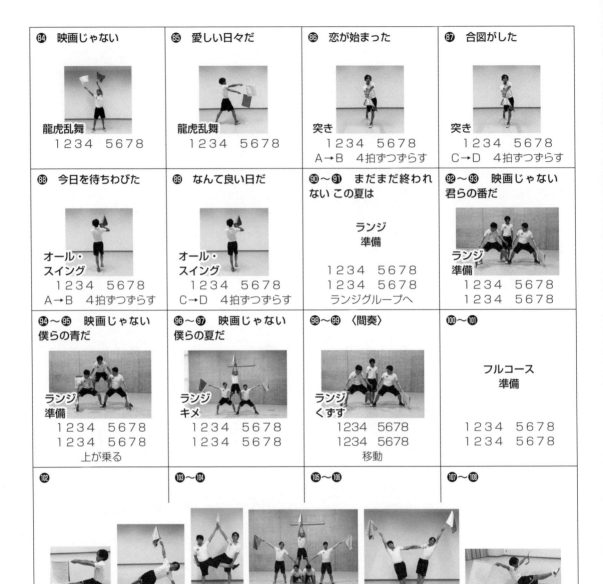

(84) 映画じゃない  龍虎乱舞 1234　5678	(85) 愛しい日々だ  龍虎乱舞 1234　5678	(86) 恋が始まった  突き 1234　5678 A→B　4拍ずつずらす	(87) 合図がした  突き 1234　5678 C→D　4拍ずつずらす
(88) 今日を待ちわびた  オール・ スイング 1234　5678 A→B　4拍ずつずらす	(89) なんて良い日だ  オール・ スイング 1234　5678 C→D　4拍ずつずらす	(90)～(91)　まだまだ終われない この夏は ランジ 準備 1234　5678 1234　5678 ランジグループへ	(92)～(93)　映画じゃない 君らの番だ  ランジ 準備 1234　5678 1234　5678
(94)～(95)　映画じゃない 僕らの青だ  ランジ 準備 1234　5678 1234　5678 上が乗る	(96)～(97)　映画じゃない 僕らの夏だ  ランジ キメ 1234　5678 1234　5678	(98)～(99)　〈間奏〉  ランジ くずす 1234　5678 1234　5678 移動	(100)～(101) フルコース 準備 1234　5678 1234　5678
(102)   フルコース 準備 1234　5678 1234　5678	(103)～(104)  フルコース 準備 1234　5678 1234　5678	(105)～(106)   フルコース 準備 1234　5678 1234　5678	(107)～(108)  フルコース くずす 1234　5678 1234　5678

ここがポイント！

2曲目は，クライマックスの場面です。疾走感のある曲を用いて，組み合わせ技や，ペアで行う技など，高学年にふさわしい難易度の高い技を中心に構成しています。
「突き・オール・スイング」や「龍虎乱舞」など，難易度の高い技は，旗操作に加えて下肢の動きが加わります。練習の序盤は，上肢と下肢とに分けて指導することで，苦手な子どもも，安心して演技に取り組むことができます。
力強い旗の音や，止まる，動く，技の準備の姿勢など，技をより美しく迫力あるものにするために，細部までこだわり抜くことで，より大きな達成感を得ることができます。

第 4 章

「ミニフラッグ運動」が初めて でも安心！お役立ち付録

子どもたちのパフォーマンスを見ている人によりよく見てもらう ためにも，隊形や音楽というのは大変重要な要素です。学年の実 態，完成のイメージ，会場の広さなどの条件によっても変わって きます。「ミニフラッグ運動」の一つの演技を考えていく上で， よく用いられる隊形や音楽を例として紹介します。

達成感＆一体感を形に残そう！ フラッグ完結編

　運動会の本番，拍手喝采を浴びて終わった演技。子どもたちは，一生懸命練習し，大きく成長しました。

　そんな大きな経験を，記憶だけではなく，記録として留めてはいかがですか。きっと，クラスや学年の宝物になるでしょう。

運動会　前日

　明日は，いよいよ運動会の本番です。最後の練習が終わり，子どもたちのやる気は最高潮！　そんな，最高潮のときの決意を，教師の旗や，余った旗に綴ってはどうでしょうか。

　運動会の当日には，書かれている決意を取り上げながら，子どもの頑張りを称賛したいですね。

運動会　終わった後

　運動会が終わった後に，「よく頑張った！」「感動した！」と教師が感じたことを子どもたちに伝えることはとても大切です。加えて，クラスや学年でお互いの頑張りを称賛し合う時間を是非設けたいものです。称賛の言葉は，子どもたち一人ひとりのフラッグへ綴ります。世界でたった一枚の，自分オリジナルフラッグの完成です。子どもたちは，友達に称賛されることで達成感を感じることができるでしょう。

演技のテーマや，学年目標，学級目標などを書いて，手形などを押すのも思い出に残ります。

2 ひと目でわかる！隊形紹介

同じ技でも，並び方や子どもの向く方向によって，技は違った印象になります。演技をする上で，隊形はとても重要な要素です。技や動きを，効果的に魅せる隊形を紹介します。

図の見方

- 楕円はトラック線
- 下側が指揮台（指導者側）
- 左側が入場門，右側が退場門
- 点線は移動前，線は移動後の隊形
- 太点線は移動方向，細い矢印は体の向いている方向を表す。

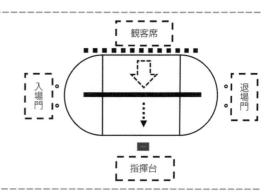

第1場面（オープニング・隊形変化）

第1場面は，メンバー紹介や集団のまとまりを表現しやすい場面です。「このメンバーで演技を行います！」と，全員の顔が見えるような隊形や，「みんなで心を一つに創り上げます！」という集団行動などのまとまりのある隊形を紹介します。

> おすすめの技…はばたき，面からの行進，ふわふわで前進，拍に合わせた旗の上げ下げ，等

● 後方から一列で歩いて入場

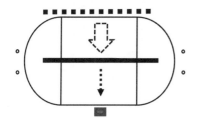

● 左右から塊になって歩いて入場

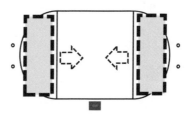

● 入場門から順番に走ってライン上に入場

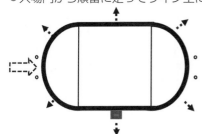

● 左右から走って入場

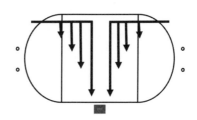

　集団での隊形移動は，フラッグがあることで，行進するだけでも観客を惹き付ける演技になります。隊形の始まりと終わりを決めて指導することで，子どもたちも安心して練習に取り組めます。

●左右から塊ですれ違い隊形変換

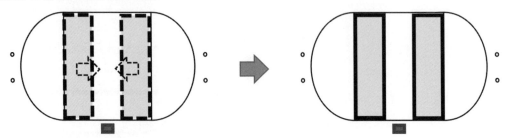

●ひし形のすれ違いで隊形変換

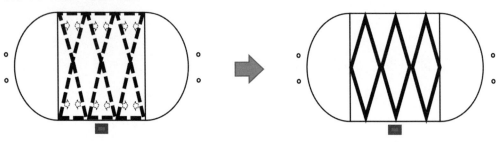

●砂時計の塊からひし形へ隊形変換

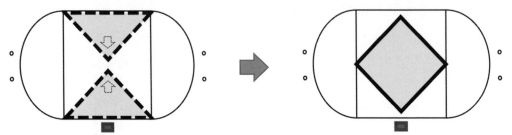

●小さい集団での斜め交差ですれ違い隊形変換

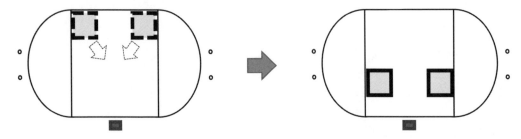

第2場面

　第2場面は，グループや全員でまとまった形をつくり，ダイナミックさ，一体感を表現できる隊形がおすすめです。技の起点はどこからなのか，全体から見えるとどのように見えるのか，ICTなどを活用し，子どもと動きと技の全体像を確認することで，より一体感が生まれます。

　第1場面と第3場面のつながりも大切にした，第2場面にピッタリの隊形を紹介します。

おすすめの技…メリーゴーランド，風車，二人観音，旗波，6つの塔，しゃがみ立ち，等

●小円

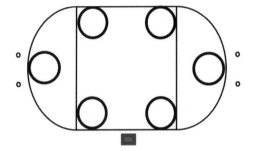

●3つの円

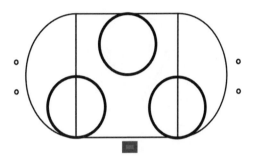

●多重円

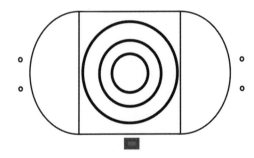

●3線

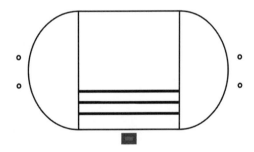

●十字

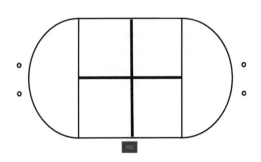

●ユニオンジャック

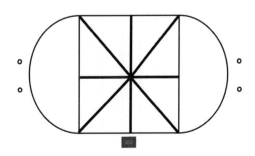

●四角

●四角（多重）

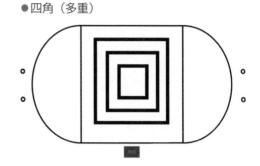

●逆三角形

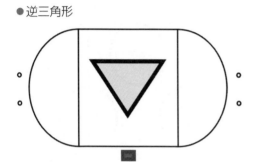

● V字

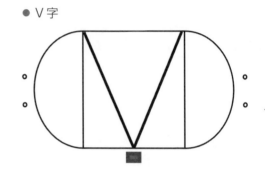

第3場面

　第3場面は，フラッグ演技の特徴を最も活かした，旗を思い切り振る場面です。コンセプトに合わせて，たくさんの技に取り組むことができる隊形を紹介します。

① 1人技

　基本的な技を中心に，高学年では難易度の高い組み合わせ技にも取り組むことができます。完成度はもちろんのこと，全体で動きや音を揃えたり，ずらして流れるような動きをつくったりすることのできる隊形がおすすめです。

> **おすすめの技…X斬り，突き・オール・スイング，エクスカリバー，龍虎乱舞，等**

●縦1列

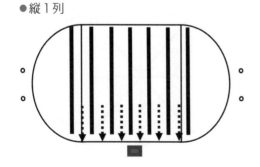

●横1列

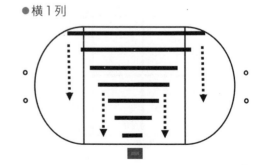

②2人技〜多人数技

　2人組や多人数技は，2列の隊形や二重円など，並び方に重なりを取り入れることで，1人技からスムーズに移行することができます。

　直線を組み合わせた隊形は，中央や端，列ごとに完成をずらしたり，列で組み合わせ技に取り組んだりすることができます。また，円の隊形は，右回りや左回りなど回転を変えたり，円の大きさを伸縮させたりすることができます。演技の終盤にかけて盛り上がりやすい隊形がおすすめです。

> おすすめの技…きのこ，Y字バランス，二人凸凹，サーフィン，ランジ，フルコース，等

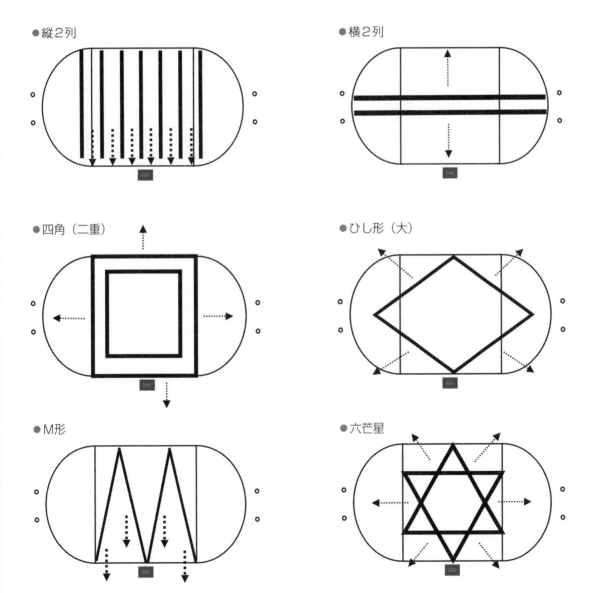

●縦2列　　●横2列

●四角（二重）　　●ひし形（大）

●M形　　●六芒星

各場面におすすめ！
選曲リスト

　曲は，演技全体の表情を決めます。同じ技で演技を構成しても，流れる音楽によって，印象が全く違うものになります。多くの曲の中から，設定したテーマや場面のコンセプトに合う曲を選ぶのは，時間のかかる作業ですが，とても重要です。子どもにとって，リズムがとりやすい，耳馴染みがある，場面のコンセプトに合っているかなど，実態に応じて選曲しましょう。

	「曲名」アーティスト・作者名
1場面	「WE DO」いきものがかり 「秘密基地」高田　梢枝 「ドレミファだいじょーぶ」Ｂ．Ｂ．クイーンズ 「WanteD! WanteD!」Mrs.GREEN APPLE 「学園天国」フィンガー5 「LEGAL-HIGH」林ゆうき 「The Greatest Show」Hugh Michael Jackman, Keala Joan Settle, Zac Efron, Zendaya Maree Stoermer Coleman 「世界はあなたに笑いかけている」Little Glee Monster 「男の勲章　-復活-」嶋　大輔 「ECHO」Little Glee Monster 「君と羊と青」RADWIMPS 「TOUGH BOY」TOM★CAT 「#1090 〜Thousand Dreams〜」松本孝弘
2場面	〈テンポがゆっくりの曲〉 「陸王〜Main Theme〜」 「S-最後の警官-メインテーマ」 「カイト」嵐 「炎」LiSA 「母になる」得田真裕 「アメイジング・グレイス」Hayley Westenra 「GracE」澤野弘之 「Hero」安室奈美恵 「サザンカ」SEKAI NO OWARI 「スパークル」RADWIMPS 「愛にできることはまだあるかい」RADWIMPS 「Wasted Night」ONE OK ROCK 「空に笑えば」wacci 「裸の心」あいみょん

3場面	〈テンポの速い曲〉 「U．S．A．」DA PUMP 「前前前世」RADWIMPS 「Yeah! Yeah! Yeah!」androp 「できっこないを　やらなくちゃ」サンボマスター 「Mela!」緑黄色社会 「アイデア」星野源 「兵，走る」B'z 「GONG」WANIMA 「DAYS」FLOW 「sakura」ニルギリス 「Starting Over」DISH// 「大不正解」back number 「Cry Baby」Official 髭男 dism 「Glory Days」尾崎裕哉 「太陽の真ん中へ」ビバッチェ 「HOLIDAYS」木村カエラ 「インフェルノ」Mrs.GREEN APPLE 「廻廻奇譚」Eve 「ハルジオン」YOASOBI 「なないろ」BUMP OF CHICKEN 「Walking with you」Novelbright 「テーマソング」ポルノグラフィティ
退場曲	「題名のない今日」平井大 「アイノカタチ (feat.HIDE)」MISIA 「いつかこの涙が」Little Glee Monster 「ヒカリノアトリエ」Mr.Childlen 「優しいあの子」スピッツ 「風が吹いている」いきものがかり 「星影のエール」GReeeeN 「僕のこと」Mrs.GREEN APPLE 「Progress」スガシカオ 「水平線」back number 「虹」菅田将暉 「もう少しだけ」YOASOBI 「Premission to Dance」BTS 「マリーゴールド」あいみょん

【執筆者一覧】

垣内　幸太（箕面市立箕面小学校長）

日野　英之（箕面市教育委員会）

新居　　達（箕面市立北小学校）

森川　　力（箕面市立西小学校）

印藤　秀泰（箕面市立彩都の丘小学校）

岩田　拓弥（箕面市立彩都の丘小学校）

梶原　　慧（箕面市立萱野北小学校）

【著者紹介】

関西体育授業研究会

2009年に「体育科の地位向上」を合言葉に発足。
大阪教育大学附属池田小学校に事務局を設置。メンバーは，大阪を中心に滋賀，兵庫，奈良，福井，和歌山，広島などの教員で構成される。
月1回程度，定例会を開催し，「体育科の授業力向上」をテーマに研究を進めている。また，毎年7月にフラッグ研修会，11月に研究大会を開催。

〈著書〉

『子どもも観客も感動する！「組体操」絶対成功の指導BOOK』
『すべての子どもが主役になれる！「ボール運動」絶対成功の指導BOOK』
『学び合いでみんなが上達する！「水泳」絶対成功の指導BOOK』
『クラスの絆がグッと深まる！「なわとび」絶対成功の指導BOOK』
『導入5分が授業を決める！「準備運動」絶対成功の指導BOOK』
『団体演技でみんなが輝く！「フラッグ運動」絶対成功の指導BOOK』
『安全と見栄えを両立する！新「組体操」絶対成功の指導BOOK』
『学級力が一気に高まる！絶対成功の体育授業マネジメント』
『学習カードでよくわかる　365日の全授業　小学校体育』1年〜6年　全6巻
『『365日の全授業』DX　小学校体育』
(以上，明治図書)

主体的に取り組みたくなる！
「ミニフラッグ運動」絶対成功の指導BOOK

2022年7月初版第1刷刊 ©著　者　関西体育授業研究会
発行者　藤　原　光　政
発行所　明治図書出版株式会社
http://www.meijitosho.co.jp
(企画)木村　悠 (校正)吉田　茜
〒114-0023　東京都北区滝野川7-46-1
振替00160-5-151318　電話03(5907)6703
ご注文窓口　電話03(5907)6668

＊検印省略　　　組版所　ライラック株式会社

Printed in Japan
JASRAC 出 2204146-201
ISBN978-4-18-103926-4
もれなくクーポンがもらえる！読者アンケートはこちらから →

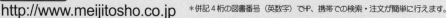

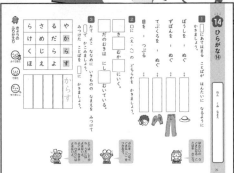